秘密結社ヤタガラスの復活

陰陽《めを》カケル

保江邦夫
雑賀信朋

青林堂

【目次】

安倍晴明に教えられた秘密と秘訣……まえがきに代えて

第一章　聞け！　安倍晴明の声……11

自転車で交通事故に見舞われ生死の境から奇跡的に蘇った少年／陰陽師・安倍晴明が平成の世に現れて少年の命を救う!!／七夕が過ぎて再び安倍晴明が戻ってくることを願った母親／魑魅魍魎を射抜いて霧散させることができるような鋭い眼光／誰も知らない宿敵・芦屋道満とのその後／安倍晴明が平成が終わる時代に甦った霊的意味とは？／黒塗りされた秘密の文書／陰の師と陽の師／真実の史実／安倍晴明の出生と八咫烏／安倍晴明と蘆屋道満／言葉と発信の相生／これからの術者

第二章　対談　保江邦夫と安倍晴明……59
安倍晴明の記憶／世界を動かしている見えない力／羽生結弦選手と安倍晴明／徳川家康への封印を解く／光の十字架と武道の神髄／ＡＩの神格化／十月三十日の特異日とＵＦＯ／日本人の意識変革を／魔をもって魔を制する／円は縁／雑賀衆と日本の裏歴史
第三章　オタク思想が世界を救う……159
呪術合戦／ヤタガラスと十字架／愛について／オタクが未来を創る
もう若者に託そうではないか！……あとがきに代えて

安倍晴明《あべのせいめい》に教えられた秘密と秘訣……まえがきに代えて

現代に生きる理論物理学者の僕だが、これまでの自分の生き方は決して愛に溢れた温かいものではなく、どちらかといえば周囲からは冷たい人間だと思われてしまうことのほうが多かった。しかし、自分から白状するのも大人げないが、僕自身とても優しく愛に充ち満ちている存在だということを、ずっと誇りに思ってきたのも事実。にもかかわらず、人の目から見て冷たく感じられてしまっていたのは、要するに下手だっただけのこと。そう、下手な生き方しかできなかっただけなのだ。その結果として、「冷たい」、「優しくない」とか「何を考えているのかわからない」とか、さらには「人間じゃない」や「宇宙人みたい」などという言葉の数々を様々な場面で浴びせられ続けてきた。そのすべてにおいて、僕自身は本当に当事者たちに最大限に気を使って優しく接し、愛情を示していたつもりだったのだが……。

結果が僕の努力とは正反対の方向に行ってしまうのも謎で、長い間どうしても理解できなかった。いったい、人は何故僕のことを冷たいと思ってしまうのだろうか？

僕のそんな情けない人生にも、そろそろ有終の美を求めたくなったタイミングで天皇陛下の生前御譲位が滞りなく進み、新しき令和の御代になった。その新しき御代をこれから末永く守っていただくことができるかどうかについて、平安時代に活躍した陰陽師・安倍晴明公にお尋ねするまさに「異次元対談」ともいうべき対談企画が青林堂の蟹江《かにえ》幹彦《みきひこ》社長から持ち上がってきた。

といっても、作り話や架空の対談相手などではなく、数年前に不思議なご縁をいただいてから、僕自身の人生の節目節目で見事に導いてくれている実在の高校生を引っ張り出してくれというもの。その高校生は中学2年生のときに交通事故で死んでしまったのだが、その命を守れなくて申し訳なかったという安倍晴明が自分の魂を宿すことで生き返らせてくれた。それ以来、必要に応じて安倍晴明が彼をとおしてこの世に働きかけている。

その高校生も、今年の令和2年4月からは神道系の大学に進学し、神職を目指すことになった。ならば、まだ高校3年生のうちにということで、2月から3月にかけて3回上京してもらい、僕と対談の機会を持ってもらうことに。いや、その高校生には時々というか、いつでも自在に安倍晴明が降りてきたのだから、正確には二人による対談ではなく、三人の鼎談《ていだん》とするべきか……。

ところで、冒頭でカミングアウトした周囲から見たときの僕自身の冷たさや愛のなさの原因が下手な生き方にあったなど、これまで誰からも指摘されたこともなかったし、むろん自分では謎のままだったのだ。だが、安倍晴明公との対談の中で謎が解けてわかったことは、下手な生き方しかできないためだったからということだ。そして、安倍晴明自身も、さらには、その魂をもらって生き返った高校生もまた、生き方が下手だったために周囲からは冷たい人間だというレッテルを貼られていたとのこと。

その上で教えられたのは、下手な生き方しかできない人間こそが愛に溢《あふ》れ、絶対的に優しい心根を持って人に接することができ、そこからこの世の中に愛が広がっていくということだった。そう、令和の御代になってすぐさま押し寄せてきた新型コロナウイルスパンデミックという未曾有《みぞう》の恐怖社会で荒廃した人々の心を癒すための唯一の特効薬は、僕等のような下手な生き方しかできないダメ人間的なオタクが立ち上がるしかない。オタクこそが無条件の愛を広めていくことができるのだから。

それはまた、ポスト新型コロナウイルスの時代を生きていく上での秘訣となる。日本には長い間皇統を護り続けてきた「八咫烏《やたがらす》」という秘密結社があったのだが、これからのポスト新型コロナウイルスの世の中に求められていくのはそんな愛溢れる若いオタクの仲間が集まった秘密結社なのだ。最後の最後で、そんな近未来展望にまで言及してくれた安倍晴明公は、対談の途中でこれまで歴史の闇の中に隠されて何人も知り得なかったような秘密の多くをも教えてくれていた。それらの秘密が今回の異次元対談によって初めて公になるわけだが、願わくば読者諸姉諸兄においては常識に囚われた先入観を捨て去った気持ちで受け止めていただきたい。

恥を忍んで若者言葉に追いつけるような言い回しを使ってみた僕の恥ッさらし覚悟の努力に免じて、どうか最後まで若き安倍晴明公の教えの数々を読み進んでいただけますように！

令和2年7月吉日

白金の寓居にて

保江邦夫

第一章

聞け！　安倍晴明の声

ここで、その安倍晴明少年について詳しく解説をしておきたいと思います。

少々長くなりますが、この安倍晴明の御霊をもつ少年は、日本人に課せられた愛の生け贄としての役割について考えるうえでとても重要な示唆を含んでいると思われるからです。

そもそも、安倍晴明とは、誰もがその名を知る平安時代のシンボル的な陰陽師です。その最も名の知れた安倍晴明が、どのようにしてこの現代に登場してくることになったのか、まずはそのあたりから説明します。

僕が最初に安倍晴明と一体化した少年がいることを知ったのは、東京の白金に住み始めてから2ヶ月ほど経った平成29（2017）年の6月頃でした。

夏至の日の昼過ぎ、僕がマンションの部屋から出て1階に降りたとき、ちょうどエレベーターの前で僕にこの古いマンションを紹介してくれた若い女性と出くわしました。

住み始めて2ヶ月ほどが経っていたものの、マンションの中でその女性に出会ったのは初めてのことでした。そこで僕は、「おかげさまで快適な東京暮らしができています」と挨拶代わりに伝えました。

すると彼女は、大きな身振りをしながら、まん丸な目を僕に向けて「ちょうどご連絡しようと思っていました」とのこと。ならばということで、エントランスの脇でしばらく長い立ち話をすることになったのですが、そこで彼女の口から出たのが、安倍晴明にまつわるとても不思議な話だったのです。

以下は、そのときに僕が聞いた世にも不思議な真実の話ですが、読者の皆さんにおいては、どうか先入観を脇に置き去って、ありのままを読みとっていただければ幸いです。

その女性によると、僕とエレベーター前でばったり出会った日の午前中に、郷里の家のご近所に住む年上の女性から数年ぶりに電話があったそうです。

電話をかけてきた女性は、子どもの頃から親しんできた近所のお姉さん的な存在で、現在は一人息子の母親になっていて、そのときの電話では次のような話を聞いたといいます（以下、要点のみ記します）。

自転車で交通事故に見舞われ生死の境から奇跡的に蘇った少年

今から2年前、その女性の当時中学2年生だった息子さんが、自転車に乗って帰宅途中に真横からタクシーにノーブレーキで突っ込まれるという交通事故に巻き込まれた。自転車に乗っていた少年は、激しい勢いで7メートルも突き飛ばされ、固いコンクリートの上に頭から叩きつけられた。

当然ながら、少年は血だらけになって倒れ、ぶつかった車の運転手をはじめ、多くの通行人が彼を取り囲んで救急車の到着を待っていた。

たまたまそのときに、少年の母親が買い物で近くを通っていて、いつもなら野次馬が集まるようなところには寄っていかないにもかかわらず、そのときだけは何故か気になって現場を覗いてみたら、血まみれで横たわっていたのは我が子だった。母親はびっくりして駆け寄ってはみたものの、息子の無惨な姿にただただ叫ぶように声をかけることしかできなかった。

救急車が到着し、隊員によって措置判断のための全身チェックが行われた結果、救急車で最寄りの病院に搬送するのではどうにもならないほどの重傷だということで、地域で一番大きな救急病棟がある総合病院にドクターヘリで向かうことになった。

救急処置室に運び込まれてから30分ほどが経過したとき、一人の医師が廊下に出てきてベンチで息子の回復を祈りながら待っていた母親に声をかけてきた。事故に遭った他の被害者はどの病院に搬送されたのかを聞かれたのだが、自分の息子以外には被害者は誰もいなかったという母親の答えに首をかしげるようにしていた医師は、信じられないような事実を困惑気味に伝えてくれた。

血まみれで意識不明の状態の少年が処置室に搬入されてきたとき、ドクターヘリに乗っていた医師からの事前情報で、出血を伴う重度の頭蓋骨折が疑われ、頭部の緊急手術のために大量の血に染まった衣服を切り離した上で身体に付着した血糊も洗浄して複数の医師によって患部の特定作業が行われた。

ところが、ダブルチェックにダブルチェックを重ねてみても、少年の身体にはわずかの擦り傷があるだけで出血したような傷も見つからないし、タクシーが激突したときにできたはずの骨折や打ち身さえ皆無だった。そのため、医師団はこの少年以外にもタクシーにぶつけられた被害者がいて、その被害者が流した血が少年の衣服や身体に付着していたにすぎないと判断した。

だが、母親から被害者は他にはいなかったと知らされた医師は、「それではエックス線断層写真を撮って脳や内臓に問題がないか調べますので、あと2時間ほどお待ちください」と告げてから処置室へと戻っていった。こうして、さらに悶々とした時間が流れていき、先ほどの医師が再び顔を出したときには、こう切り出してきた。

「脳にも内臓にもまったく問題はないようですし、幸い息子さんの意識も回復して話も伺うことができ、ご本人も何も異常は感じないとのことです。むろん外傷もほとんどないわけで、これではこれ以上病院にとどまっていただく理由がありませんので、今日のところはお引き取りくださってかまいません。

また、何かの症状か後遺症が出るか、あるいは事故のときのことをご本人が思い出したときにはぜひともご連絡いただければと思います。今回のような不思議な症例は我々も初めてのことで正直戸惑ってはいます。何せ、ドクターヘリに乗っていた医師の話では息子さんは確かに出血を伴う頭蓋骨折で生命の危険にあったと報告されているにもかかわらず、どう見てもほぼ無傷で健常な状態なのですから。

医師の中にはきわめて特殊なケースだということで興味を持っていて、今後も息子さんについての追跡調査をしてみたいと考えている者もおります。

そのことについてはまたこちらからご連絡いたしますが、ともかくこれから息子さんに会っていただきますので、連れてお帰りください」と。

ともかく、どこにも問題はないということで、安堵した母親がその少年を連れて家に戻ったとき、病院の医師に向かっては黙っていたという少年の口から、本当に世にも不思議な話が母親に向かって次のように語られた。

陰陽師・安倍晴明が平成の世に現れて少年の命を救う!!

少年がいうには、自転車に乗っていて、真横からタクシーに激突されて飛ばされ、地面に頭から叩きつけられたときから激しい悪寒と頭部の激痛で、意識がかすれて文字どおり目の前が真っ暗になったときに、自分は死のうとしているとわかった。

死を前にした恐怖と若くして今生を離れなくてはならない無念さがこみ上

げてきたとき、迷い込んでいた真っ暗闇の世界の中に突如一人の男が現れ、頭を下げながら少年にこう詫び始めた。

「お前の命を護らなくてはならなかったのだが、自分の力をもってしても、どうすることもできなかった。まことに申し訳ないことをしてしまった、許してくれ。しかし、ここでお前が死んでしまうと世の流れが変わってしまうので、最後の手段として私の命をお前に分け与えようと思う」

そういい残して立ち去ろうとするその平安装束の男に向かって、少年が「あなた様はどなたですか？」と尋ねたところ、男は、「陰陽師・安倍晴明」と力強く名乗った。少年は、その返事で自分が本当に生き返ることができると確信できた。

実際のところ、安倍晴明が消え去った直後に、あれほど激しかった痛みも恐怖も失せてしまい、気がつくと病院の救急処置室で医師団に囲まれて横たわっている自分がいた。

つまり、僕にマンションを紹介してくれた女性の知人の息子さんが交通事故に遭い、本来なら瀕死の状態にもかかわらず、彼の命を救ったのがあの安倍晴明だったというわけです。

少年の母親の話によると、そのときはこんな思いだったそうです。

実は自分の息子があの交通事故で死んでしまっていた！　それを自分の命を与えてまであの世から息子を送り返してくれたのが、小説や映画にも登場する平安時代の有名な陰陽師の安倍晴明だった！

そんなぶっ飛んだ話を息子から帰宅後に聞かされた母親は、当然ながら、やはり息子は事故のときに頭を強く打ったために気がふれてしまったのではないかと疑ったといいます。しかし、数週間後には、息子が語った話を信じざるを得ない光景に出くわしてしまうのです。

それは、親戚の法事で檀家となっているお寺に行ったときのこと。

寺の住職による法要の最中、同行した息子が退屈しのぎに手にした分厚い経典を見事な手さばきでパラパラパラッと一気にめくるや、そこに記されていた、これまで見たことがあるはずもない特殊なお経を早口ですらすらと唱えてしまったのです。

一つのお経が終わると、再びパラパラパラッと経典をめくり、やはりそこに記されていたお経を早口で唱えてしまう。これを何回も続けていた息子を見て驚いていた母親の目には、その姿が徐々に安倍晴明であるかのように映っていきます。

さらに、同様のことを初めて参拝に行った神社の拝殿で祝詞集を素早くめくりながら早口で奏上する息子の姿を見るにつけ、最後にはあの事故に遭った日に息子の口から語られたことが真実だったと確信できたというのです。

安倍晴明の命で生きていなければ、自分の息子がこんなことをさらりとやってのけることなど、とうていあり得ないことなのだから、と。

それから2年間、少年は様々な機会に陰陽師としての能力を母親の前で披露し、通っていた中学校の同級生や近所の人たちからは交通事故に遭ってからずいぶんと雰囲気が変わったと思われながらも、高校は県内有数の進学校に合格するなど、意義多い人生を歩むことができていたそうです。

それが、私がこの話を聞くことになった夏至の日の朝、母親は息子（少年）から、起き抜けの直前、「夢のような映像の中に久しぶりに安倍晴明が出てきてこう告げられた」という話を聞いたのです。

「平成29（２０１７）年の夏至から七夕までの期間は千年に一度あるかないかのきわめて希な時期になっていて、この期間内に努力をすれば誰もが自分の魂のレベルを一気に高めることができる。従って、君にとっても自分の命を少しでも取り戻す可能性がある期間となるが、その間にこの私が君の中に入ったままだと君自身の努力の邪魔になってしまう。そこで、今日から七夕までの間、私は君から離れておくことにするので、存分に努力してみたまえ。それでは！」と。

七夕が過ぎて再び安倍晴明が戻ってくることを願った母親

息子の口からそう知らされた母親は、仏壇の前に置いてあった経典を持ち出して息子に手渡し、いつものようにパラパラとめくりながらお経を唱えるように指示します。

そうして、これまではいつも見事に唱えていた息子が今日に限っては一行たりとも読み上げることができなくなっていたことで、安倍晴明の言葉が真実だと悟ります。

それまでは、自分の息子の中に安倍晴明が入っていることに対して、決して歓迎はしてこなかったにもかかわらず、こうして安倍晴明が出ていったためにそれまで息子が見せていた、常識では考えられないような能力が消えてしまったことを目の当たりにして、母親は七夕の日が過ぎたなら安倍晴明は本当に息子の中に戻ってきてくれるのか心配になってきます。

そんな不安をどうにかして打ち消したいと思った母親は、小さい頃から自分の妹のようにかわいがっていた近所の少女で、今は東京で一人暮らしをしている親しい女性、つまり僕に白金のマンションの一室を紹介してくれた若い女性に数年ぶりに電話を入れたのです。

せめて誰か息子のことも知っている気の置けない親しい人に、あの交通事故に始まる一連の安倍晴明事件の詳しい顛末を聞いてもらった上で、七夕が過ぎれば安倍晴明が戻ってきてくれるのではないかという言葉を投げかけてもらいたい一心で……。

ところが、電話を受けたその女性は、聞かされた話の内容があまりにぶっ飛びすぎていて、「自分では何もいえない」と正直に答えたところ、藁にもすがりたい雰囲気が電話越しに伝わってきて、そこで何とかしてあげたいと思った彼女は、不意に僕のことを思い出してこう返事したそうです。

「そんな難しいことは私にはわからないけれど、今度うちのマンションに面白い物理学者の先生が引っ越してこられたので、その先生に聞いてみてあげる。その先生はずいぶんと変わってる人だから、安倍晴明のこともわかるかもしれないし……」

そう告げて電話を切り、その日か次の日くらいに僕に電話をして聞いてみようと思っていたところに、ちょうど夏至の日の午後、僕と1階のエレベーターの前で出くわしてしまった、というわけです。

そのときの僕は、まさに飛んで火に入る夏の虫だったのです。

その女性からこの話を聞いたとき、にわかには信じられないような話の内容だったにもかかわらず、僕はすべてを無条件に信じました。

その理由は、僕は愛知県の霊能力者の女性から、「その年の夏至から七夕までは特別な期間で、努力すれば誰もが魂のレベルを高めることができる期間である」ということを事前に聞いていたからです。そこで、まさに「あの世の存在である安倍晴明が、交通事故で瀕死の重傷を負っていた少年をとおしてまったく同じことをこの世に知らせてきたのだ」と確信したのです。

なので、その同じマンション住人の女性に向かって、「安倍晴明は七夕の翌日の朝になれば必ずその少年の中に戻ってきてくれるので、その母親には心配ないから安心して待つように伝えてください」とまでいいのけてしまいました。

僕がそう太鼓判を押したことで、母親もまた安倍晴明が息子の中に戻ってきてくれるという安心感が生まれました。そして予告どおり七夕の翌日の朝、少年の中に安倍晴明が戻ってくれていたことを僕はあとから聞きました。

夏至の日から消え去っていた、平安時代の陰陽師でなければできないような不思議な能力が確かにその少年に蘇ってきたのです！

魑魅魍魎《ちみもうりょう》を射抜いて霧散させることができるような鋭い眼光

少年の母親からは丁寧なお礼状をいただき、その礼状によると、少年がこの変な理論物理学者に興味を持つようになったようで、いつか東京に僕を訪ねていきたいとまで願っていると記されていました。

確かにその親子の役には立てたのかもしれないけれど、わざわざ僕に会いにくるというのはリップサービスだろうとのんきに考えていたところ、その年の夏休みが終わる直前の8月27日に、本当にその安倍晴明少年が僕に会いに上京してくることになりました。

同じマンション住人の女性から直前にそれを知らされた僕は、ちょうど少年が上京してくる日の午後、僕の講演会が予定されていたため、彼女に講演会の案内状を手渡したうえで、少年を連れて二人で講演を聴きにきてくださいと頼むことにしました。

やがて、あと20分ほどで講演会が始まるというタイミングで、受付の女性が応接室のドアを開け、僕の招待客が到着したのでこちらにお連れしましたと告げました。

僕がふと廊下の先を見ると、同じマンション住人の女性の後ろに、いかにも地方の純朴な高校一年生といった夏の制服姿の少年の姿が見え隠れしていました。

「あぁ、あれが安倍晴明の命をもらった少年か」と思う前に、少年と目が合ってしまった僕は、応接室の中に立ち尽くしたまま、こわばった身体をぎしぎしと折り曲げて深々と礼をしてしまったのです。

長年勤め上げた大学教授の職を定年で辞した直後の物理学者が、高校生になったばかりの少年と目が合った瞬間に、なぜかこちらから深く敬礼してしまった――周囲から見ればまさに正反対の状況しか想像できなかったに違いないでしょうが、そのときの少年の目と表情は一般的な高校一年生のそれではなかったのです。

その目は、まさに陰陽師の大先輩である安倍晴明が現代に蘇ったかのような、魑魅魍魎のすべていちべつを射抜いて霧散させることのできる厳しく鋭い眼光を放っており、そこで一瞥された僕にできることは、ただただ深く頭を下げて最大限の敬意を表することだけだった…。

そこに如何なる議論の余地もなく、その少年が確かに安倍晴明の命をもらったという絶対的な真実だけが僕を圧倒していたのです。

さらに加えて、講演会のあとに催された懇親会の場において、安倍晴明と少年が間違いなく一体化していることを確信させられるような出来事がありました。懇親会には主催団体である「公益財団法人日本心霊科学協会」の理事長さんや副理事長さんもいたのですが、その場ではからずも少年の口から「泰山《たいざん》府君《ふくん》」という名前が飛び出たのです。

泰山府君とは、安倍晴明の陰陽道の先生で陰陽師の神様として奉られている中国人で、晴明は泰山府君の下で陰陽道の最高奥義を学んだのです。

僕は、安倍晴明が描かれた国宝の巻物がある京都の浄土宗総本山のお寺で初めて「泰山府君祭」が執り行われた際、伯家神道の神官の依頼でお手伝いをすることになったときに初めてその名を耳にしたのですが、少年は泰山府君の下に二度目に留学したときのことをとうとうと語ってくれて、まさに晴明本人でしか知り得ない話をそこで聞くことになったのです。

それは、伝説や小説の中では安倍晴明の宿敵と捉えられている呪術師・芦屋道満についての、これまで何人《なんぴと》も知ることのなかった真実についてでした。

安倍晴明が陰陽師として頭角を現して朝廷のお抱えとなるのは、中国に渡って泰山府君から陰陽道の奥義を授かり、その秘伝の巻物を持ち帰ってからのことで、既に30歳を過ぎていた頃とされています。以下は、よく知られているエピソードです。

誰も知らない宿敵・芦屋道満とのその後

時の天皇の前で、当代一の呪術師・芦屋道満と雌雄を決するとき、天皇の側近たちが相談して布袋の中に果物を入れて袋の口を閉じておいたものを二人の前に示し、その中身を両者に当てさせるということがなされた。

このとき、芦屋道満はその中身が何個の果物だと見事に霊視し、その場にいた側近たちを震撼させた。直後に安倍晴明が中身を何匹のネズミだと指摘したときには、これで芦屋道満が勝って天皇に召し抱えられることになると側近たちは確信した。

そして、天皇の命によって袋の口が開かれたときに出てきたのは、安倍晴明が陰陽道の呪術によって果物から変容させたネズミだった。そのため、あらかじめ袋の中身を知らされていなかった天皇が、安倍晴明の勝ちとして以来、安倍晴明は常に日の当たる道を歩み続け、本当は勝っていたはずの芦屋道満は野で悲惨な境遇に身を落としてしまう……。

ここまでのことは、安倍晴明に興味を持つ人にとってはよく知られたことで、伝説や小説の中でもそのような場面が描かれることが多いので、ご存知の方もいらっしゃるでしょう。

しかし、その少年が安倍晴明の魂から発せられる言葉として語ってくれたのは、これまで決して描かれることのなかった、その後の二人の間での確執から融和に至る出来事についてだったのです。

それによると、安倍晴明が妻を残して再度中国に渡ったとき、その留守宅の妻に接近した芦屋道満は言葉巧みに身も心も捧げるように操ったあげく、安倍晴明が自宅に隠している泰山府君からいただいた陰陽道秘伝の巻物を持ち出してこさせたというのです。

そして、その中の最高秘伝が記されている一本の巻物にあった恐ろしい呪術を使い、中国にいる安倍晴明を殺害しようとしたのです。しかしながら、霊力によってその悪巧みを知った泰山府君は、安倍晴明が殺されないようにその最高秘伝の巻物に記してある呪術そのものを完全に無効にしてしまいます。

陰陽道の師である泰山府君によってかろうじて窮地を脱した安倍晴明は、芦屋道満の非情な仕打ちの一部始終を知って急ぎ帰国した……。

というところまで語っていた少年を制し、俄然興味を懐いた僕は、そこでアルコールの勢いもあってかなり激しい口調で問いただしてしまいます。しかも、目の前の少年がそのときの安倍晴明自身であると確信していたためか、関西弁でまくし立ててしまったのです（安倍晴明は今の大阪市阿倍野区の生まれだった）。

（僕）「ほならお前なー、中国から戻ってきてすぐに芦屋道満をメッタ切りにして殺したんやろナー。そいで、返す刀でお前を裏切った嫁さんもブチ殺したったんやろナー。何ならワシが持ってるレミントンの近接制圧銃貸したろか!?」

感情に振り回された普通の男の共感をそのままぶつけられた少年は、しかしながらとても田舎の高校一年生の男子生徒の言葉とは思えない言葉を淡々と発してきました。

(少年)「いえ、私は二人とも完全に許しました。ですから、二人を殺したりなどしていません。それに私に許されたことで芦屋道満も失いかけていた正道を取り戻すことができ、その後私と芦屋道満の二人は、互いに切磋琢磨して陰陽師を究めていく親友として生きていきました」

完全に想定外の返事を、しかもどちらが子どもで、どちらが大人かわからないような返事を喰らってしまった状況の僕は、半ばやけっぱちの関西弁で応戦しました。

(僕)「お前ナー、そんなんアリかー!? 嫁ハンを寝取った上に、利用してお前を殺そうとしたヤッチャでー。ブチ殺しても足りんはずや。それを、許した上に親友になったやて！！？？　お前、気、確かカー!?　ナー、そんなんお前がかわいそすぎるワ。ダイイチにな、嫁ハンの始末どうすんネン!?」

意外でしたが、ここでは安倍晴明としての本音が返ってきたように思われたため、僕自身もようやく冷静さを取り戻すことができました。それは、少年の口から出たこんな言葉がきっかけとなったからです。

(少年)「許した妻に関しては、そのまま芦屋道満と暮らすよう仕向けましたので、私はその後数人の若い女性と楽しくやっていくことができたため、どちらかというと妻には感謝しています」

安倍晴明が平成が終わる時代に甦った霊的意味とは?

ともあれ、その少年をとおして安倍晴明が語ってくれた事実は、これまで一般に知られていた伝説の内容とはかなり違ったものであるために、にわかには信じがたいものではあるものの、冷静に考えると、安倍晴明ほどの人物であれば、確かに芦屋道満を許して切磋琢磨していくうちに無二の親友となるのが自然ではないかと思えます。

これは僕が日本古来の柔術や合気道の精神を学び、最後には「愛」に辿り着いた心境とも重なる部分があったからかもしれません。

そのように考えていくうちに、僕自身も、目の前に落ち着き払って座っている初対面の少年が安倍晴明の命を授かったというのは真実だと確信するようになった次第です。

少年を挟むように座ってその異常な会話を聞いていた理事長と副理事長の二人もまた、どうやらこの少年が口にすることはあながち嘘ではないようだと思い始めたのか、彼らも少年に向かっていくつか質問をしました。

中でも、平安時代ではなく、近代から現代にかけて陰陽師の存在があったのか否かについて聞かれたとき、再び芦屋道満について語ったときと同じ無機的な目つきとなった少年は、僕がまったく知らなかった驚愕の事実を披露してくれました。

それは、太平洋戦争が始まる前に、大日本帝国陸軍の中に陰陽師による呪術部隊が秘密裏に編成されていたというものです。

それによると、全国から集められた当時の陰陽師たちの任務は、彼らの霊力を駆使した呪術によって敵国アメリカ合衆国の大統領であるフランクリン・ルーズベルトを、この世から抹消することだったそうです。

そして、まさにその呪術が効果を示した結果、ルーズベルト大統領は開戦からまもなく他界してしまうのです。

一般には「病死」とされてきたルーズベルト大統領の死の真相が、実は大日本帝国陸軍が密かに編成していた陰陽師呪術部隊の遠隔抹殺作戦によるものだったなどとは、陰陽師の家系であるこの僕をはじめ、誰も知らない話でしょう。

しかし、そのときの少年の目が明らかに安倍晴明の魂を映し出していることに気づいた僕は、大きくうなずきながら陰陽師が持つ底知れぬ力に思いを馳せるとともに、それ以来、安倍晴明が少年の身体に再び宿ったことの今日的な意味を考えるようになりました。

安倍晴明が少年と一体化することで令和の時代を迎えるために新たに蘇ってきたのは、もしかしたら、集福消災を祈願する陰陽道をさらに地球レベルで極めること、すなわち、愛の生け贄としての日本人の霊的役割を先導するためではないか――僕にはそう思えてならないのです。

少年の名前は雑賀信朋と言います。

黒塗りされた秘密の文書

安倍晴明本人や、平安時代における暮らしぶりに関しては、今も世に残っている巻物や書物に記されていることとあまり変わらない感じです。平安の暮らしとして、華やかな歌を詠んだり、蹴鞠《けまり》をしたりというのは、記録されている事実と大きく変わらないですね。とくに記録が改ざんされているということはほとんどなく、事実に基づいた記録が今でも残っています。

史実は平安時代より後のほうが改ざんされることが多くなっています。飛鳥時代や奈良時代は少しだけ、本来とは違う記録になっています。

平安時代は大きな合戦もなく、大きな動きもない文字どおり平安な世が長く続いていましたから、あえて隠蔽《いんぺい》するような出来事も起らなかったのだと思います。

とはいえ、その裏では呪術者や陰陽師、僧侶たちといった、呪術者たちのやりとりでこの世が動いていたところがありますから、時代を遡《さかのぼ》ってみても見えないものはありますね。そのような裏の呪術《じゅじゅつ》者同士のやりとりについいては、はっきりと記せなくなってしまうので、表向きの文化や政治など、目に見える部分は事実ということになってしまうわけです。裏で術を掛け合って操られて、表に出てくる、という感じなのです。

藤原道長《ふじわらのみちなが》の日記である『御堂関白記《みどうかんぱくき》』には、安倍晴明のことが出ていますが、わざと墨塗りにして、あえて伏せたものだと思います。

『御堂関白記』は、藤原道長自らの筆による日記です。陽明文庫所蔵の自筆本には、現存する世界最古の直筆日記として、平成25（2013）年にユネスコ記憶遺産に登録されています。

その中に「長保2（1000）年正月10日条」という、とても有名な一文があります。

「雪が大いに振る。一尺二三寸計りなり、■晴明■■■■■■■■■■■
■雑事等を■初め■■■■■を献ずるに、晴明の申して云ふに■■■■■■

■■無し。仍りて、二十日なり。夜に入りて院に参る。修正月の結願す。後に大内に参りて宿に候ふ」

出だしは問題ありません。京都に大雪が降ったと書かれています。問題はそれに続く一文、すなわち「■晴明■■■■■■■■■■■■雑事等を■初め■■■■■を献ずるに、晴明の申して云ふに■■■■■■■■無し。」の部分です。

道長本人による見事なまでの塗りつぶし、伏せ字です。

伏せてあるところには、表では占いをしたとなっているのですが、これも伏せてあります。術のことが書いてあるので。バレてはいけない。今読んだ感じだと、『御堂関白記』に安倍宿禰《すくね》晴明のことが入っているのです。※安倍宿禰晴明なるものが占わせて、一番上に悪い兆しがあるなどが記されています。

問題は、誰が黒塗りにして、安倍晴明が修法をしたという内容を隠そうとしたかなのです。文書の中にある、「雪がたくさん降る」ということは、これも比喩で、「雪がたくさん降る」ということは、最近、悪い事がたくさん起きる。なので安倍晴明に占わせた。そういう流れなら辻褄があいますね。

※安倍宿禰晴明

安倍晴明の諱《いみな》といわれています。

諱とは、生前の実名で、生前には口にすることをはばかったことで表向きの名前を使用していた。あるいは、人の死後にその人を尊んで贈る称号ともされています。

陰の師と陽の師

陰陽師には二種類あります。役行者《えんのぎょうじゃ》や空海《くうかい》のように自分が術を使って人を助ける、あくまで自分の意志で人を助ける陰陽師と、クライアントとして誰か主君に仕える陰陽師の二パターンがあります。

役行者、空海和尚、安倍晴明が歴史上、三大呪術者といわれているので、その三人を比較対象にしてみましょう。前者の二人は、自分の意志でこの人を助ける、あの人を助けると決めて、術を施すけれども、しかし安倍晴明公だけは違い、人に仕えて、その人が「こうしろ」と命じたことを、「わかりました呪います」と呪うのです。そこに自分の意志はなかったわけです。前者二人とどう違うかというと、もちろん安倍晴明公も修行はたくさんして力をつけたのですけど、才能が元からある人でしたから楽に呪術をこなせることができました。役行者や空海和尚は、そこにたどり着くまでに何年も修行を重ねる必要があったようです。

真実の史実

術に関してのことですが、「自分が、自分が」と思いながら、自分の力を使うから、自分に返ってくるのですね。そこを神さまの力だから、施した後も、この力は神さまの元に返して。触れた体だけを潔白にしていって禊《みそぎ》を行えば、その力は神さまの力なのだから、自分のほうに跳ね返ってくることもないわけです。多少跳ね返ってきても、それは禊で祓《はら》えばいい話なのです。

自分がやられてしまう人というのは、術を使う力が自分のものなのだと思っているからです。

歴史上よく知られた過去の出来事を読みに行って、日本史のテストでこれはこうなのだと書いたら、いつもより点数が低かった（笑）。史実じゃない、これは違う、などと思われてしまったようです。

一つの例として、本能寺の変、織田信長へのクーデターの首謀者は明智光《あけちみつ》秀《ひで》ではない。ほんとうの首謀者は豊臣秀吉《とよとみひでよし》だとわかります。浅井長政《あざいながまさ》が実は生きていて、浅井長政と明智光秀が組んで本能寺を襲ったわけだけれど、それを事前に知っていた豊臣秀吉が、ちょうどいいところで帰ってくる。これはあまりにタイミングがよすぎます。都合がよいタイミングで、「ああ、上様！」って。更に信長の死体は見つかっておらず、この後も生きていた可能性があります。

豊臣秀吉の演出能力はすごく高くて、豊臣秀吉に対して織田信長が「サル、サル」って呼んだっていうのも演出です、豊臣秀吉に一番近い形は猿じゃなくてネズミなのです。ネズミが一番豊臣秀吉の顔に似ていて、その人に織田信長が「サル！」って呼ぶわけがありません。「人間なのにサルってあだ名ってひどいじゃない？」ってみんな言うけれど僕は違うと思います。「いやいや、申し訳ないけれど、この人すごい貧乏だし。ネズミ顔してるじゃない。ネズミでいいんじゃない？」そんな話を誰にしても仕方ないから黙ってますが。

教科書は実話でない話も多々ありますからね。

安倍晴明の出生と八咫烏

話は、安倍晴明公の幼少期からの生い立ちになりますが、本人が言うには、幼少期は特に優れたこともなかった。実は勉強もそんなにはできなかった、と言うのですね。どちらかというと俗世間から浮いた子供だったらしい。二十歳を過ぎた頃くらいに、とある出来事によって神仏を頼るようになり、信仰心が芽生えた。

拝んでいくうちに一日に百回の礼拝をした。最初は三十三回から始まって、そこからだんだん回数を増やしていって、一日百回、神仏に手を合わせるようになって。それをやっていくうちに力が芽生えてきて。大人になってから、周りの人から頼られるようになるわけです。元々は地元の集落での小さな依頼から始まったようです。なのでその時期のことの記録は民間のことなので残っていないわけです。

四十歳くらいから安倍晴明の存在が書物に出始めます。元々幼い頃も公家方面に繋《つな》がっていたのですね。こういう特殊な力を持つ子供がいるって知られていたようです。ただし、まさかこんな子供がそんな力を持っているとは京都の公家は誰も知らなくて。久しぶりに公家衆に会って、元気か？　といった感じです。

「実はこんな力があるのです」と答えたのが始まりです、

「ちょっと話を聞いてみたい」って呼ばれて。そこから、お偉いさんの依頼を受けて術をやっていくと、またお偉いさんから依頼が入ってという流れでした。

でも、どう頑張っても普通の人が当時の天皇陛下にまでたどり着けるわけはありません。

天皇陛下まで行くことができた理由というのが、その裏にある組織というか、そういうものが関わっているわけです。それが通称八咫烏《やたがらす》という組織です。なので安倍晴明の才能を初めて見出したのは八咫烏、うちのご先祖ってことになるわけです。

安倍晴明と蘆屋道満《あしやどうまん》

蘆屋道満は安倍晴明より年下です。安倍晴明は、賀茂忠行と賀茂保憲に陰陽道を習い、賀茂家の系統の陰陽師になるのですが、そこで播磨の陰陽師と対立している部分もあります。※蘆屋道満と安倍晴明の対立っていうのが、陰陽道の両家の対立ってことで書きやすかったと思います。

晴明公が言うには、「蘆屋道満と会ったときのことは詳しく覚えてない。いつの間にかそこにいた」ということなのです。宮廷で呪術合戦をした。箱の中にみかんがあってというのをやったわけです。当時は、呪術者がお互いの術を見せあうことはタブーだったのです。あれは、仕組まれたことであって、いわゆる八百長なのです。天皇陛下から「やれ」と指示されて、やらざるを得なかったのです、勅令ですから。歴史上の史実だと安倍晴明が勝って、蘆屋道満が負けたということになっていますが、実は仕組まれていたことなので、どっちが勝った、負けたってことではないのです。蘆屋道満はその負け役を引き受けていたということです。その代わりにそれなりの報酬もあったと思いますよ。

安倍晴明公は藤原道長についていましたが、ビジネス上のことですから、人物相関図上の対立ってわけじゃないのです。クライアントの問題だから。たとえばそれが逆だったとしても同じ結果になっていたかもしれないし。両方とも藤原道長についた場合もあるのですよ。雇われの身分だったので、自分の意志はなかったと思います。クライアントの意志であっちに呪術をかけろ、跳ね返せっていうのを指示されていただけです。

安倍晴明公は、「私は神にはならない」と言っていたのです。晴明神社などでは、安倍晴明を神として祀《まつ》ってあるじゃないですか。ところが安倍晴明公は俗世間的な事をしていましたから、神格化はされていないだろうと話しています。

空海上人などは仏の教えとか、役行者は修験道の山伏の教えとか、ちゃんとした宗教観の中で修行をして自分を高めていたわけです。しかし、安倍晴明公が力を高めていった背景には、権力のためにというところもあるのですよ。安倍晴明公が思っておらずとも、意志とは別に権力のために修行をしていたと、なってしまいます。ですから、本人としては「私を神格化してほしくない」と言うのと蘆屋道満と敵対して書かれていることに対しては、ちょっと不満を抱いていますね。

確かに高次元での霊体ではありますが、神格化はされてはいません、本人は。

安倍晴明が、神さまとして祀られちゃうと、表だってやってきたいい行い、人助けとか。それが陽だとすると、権力争いのために人を殺したというのもあり、それが陰です。陰と陽があっての陰陽師。陰陽師ってそういう意味もあるのです。

陽は人を助ける、陰は人と争わなくてはいけない部分があるので、陰陽道とは、陰と陽はそこにもあります。大変俗世間的なのですけど、そういう部分もあるのです。

誰か一人が始めてしまい、こっちも攻撃して反撃せざるをえない。やられたら受け止めて、またやりかえしてというのが生まれてしまうのですよ。

※蘆屋道満とは、平安時代に活躍したとされる陰陽師。安倍晴明とはライバル関係にあったともいわれています。

言葉と発信の相生

実際、藤原道長のお兄さんが失脚して、次のお兄さんが関白になったら一週間で死んでしまった。それで下のほうの道長が引きあげられて、関白の座についたというのも、藤原四兄弟もそうですよね、藤原不比等《ふじわらのふひと》の。南家、式家、北家。あそこも呪術合戦でそうなってしまった。当時は家政婦を持つ感覚で呪術者を持っていたのです。

吉備真備《きびのまきび》の力を最終的に使っていたのは、藤原氏なのですが、安倍晴明公を控えに持っていたということ。安倍晴明公の力は元々吉備真備の力ですから。もう、生々しいですよね。

歴史学者も表向きの歴史を公開しなければならないのです。今、教科書に陰陽師って単語が出てきても一個、二個程度ですよね。教科書だと戦いといえば武力が強調されていますから。武力で戦をして。何故かというと、その時代だけじゃないですから、呪術者がいたのは。今の時代もそうだから。武力というのは現在の日本では考えにくい。教科書に昔の呪術者の存在を描いてしまうと、今もそんな人たちが「いる」って肯定してしまうことになります。だから教科書には書かずに隠してるのです。実際は今も呪術者をかかえて操っています。

新型コロナウイルスについて言うと、国の仕組みを知らない人々が、自分たちはメディアに動かされているってことも知らず、その言葉のとおり、知っている人たち、メディアに洗脳されていない人たちは感染しません。あれ、メディアウイルスなのです。新型コロナウイルス怖いよ、怖いよと普段と違った行動をとることになり、それで感染しちゃうのです。確かにウイルスって実体を持っているけれど、実は意識の中での感染症なのですよ。

国の仕組みというのは情報です。今も昔も変わりません。情報というものが人を支配する一番の道具なのです。今の世の中だったらマスメディア。最近でいうとテレビで知らされている「桜を見る会」もそうですけど、安倍政権がこんな悪いことをしていますよって流すと、「それヤバイじゃん。安倍首相は政権を降りろ」となります。ところが国民はわりと敏感で野党のほうがよっぽど悪いってわかっているから動かない。支持率が急激に下がったりはしません。

昔の場合でしたら「天皇陛下は現人神である」で、天皇が莫大な力を持っていて、国民を守っていた。「支配していた」のではなくて「守っていた」。天皇が上にいることで我々は安全だという意識を植え付けて守っていたのです。これが正しいメディアや情報の活用のしかたですよね。

今の情報は、どんどんそういうものから目をそむけさせています。「天皇陛下は国の象徴だ」などと言えば、象徴、人間じゃん。外国でも中国は情報が制限されていて、共産党が全部政権を握ってしまっているではないですか。

今も昔もそうなのですが、文字や言葉よりも強いものはないのです。なので、結局武力がいくらあっても、意識には勝てない。どんな強い兵器を持っていたとしても。例えばアメリカのトランプ大統領が「日本にミサイルを発射する」って発言したとします。最終的にそれを止めることができるのは言葉なのです。まわりの人が、「日本にそんなことをしたら、こういうことが起って、アメリカにこんな不都合があるよ」と説明すれば、「じゃあ、止めよう」という風になるじゃないですか。それは言葉の力なのです。ミサイルをも止める力があります。言葉や文字というのはそれくらい強い力を持っているので。テレビで一言発しただけで、国民は動いてしまうものなのです。新型コロナウイルスが危険だという風に流しているのは、主にテレビです。そして更に出資しているのはどこかというと、外国です。国がそれを否定しないのは、日本の一部の人たちにとって都合がいいから。日本を裏で作っている人たちっていうのは、それをむしろ肯定しているわけです。簡単に言うと、仕分けができるからです。それで動かされる人と、動じない人と、仕分けができます。ある程度日本にも利点はあるのです。現代はもう監視される社会ですから、それをよく見られているのですよ。悪く言うと、これからの時代で、使える、使えないという。

マスクを買い占める奴はもう、論外なのですよ。ですからそういった人々は、いいように使われていきます。

ある程度のことは、あの人たちは、マスコミが危機感をもって情報を出しているというのは、わかっています。

今のところ、新型コロナウイルスは「超危険」と「インフルエンザより全然安全」っていうのが混在している状況じゃないですか。「そこで見抜けよ」と見られている面もあると思います。新型コロナウイルスというのは実態がないのかもしれないですね、本当は。ウイルス自体存在してなくて、作ってある情報というか、わからないじゃないですか。強いのか、弱いのか。実際のところ、どういうウイルスかって、わかってないのですよ。

新型コロナウイルスは、夢枕《ゆめまくら》漠《ばく》さんが本に書いている呪《しゅ》なのですよ。言葉とか意識の中にそれを取り入れることによって、感染してしまうのです。

これからの術者

天皇陛下についているグループの存在っていうのは、今、お話しした内容のわずか一部でしかないのですが、だんだんと、他の発信者の方々も少しずつ出てくると思うのです。

一部の人たちだけの情報だと共有できず衰退してしまうから、国民にも共有して広げて。こういうものがあるのだよ、と広げていく。そういうことを言っている人もいますが、僕もその一人だと思います。もし、それがあるとしたら。さっき言った陰陽師。その陰陽師をまた今の時代に、改めて作る気なのです。安倍晴明だって民間から現れて、最終的に才能で成り上がった。人について俗世間の事をやるという流れになりやすい傾向にあるから。国に仕える術者を増やそうとしています。

国は、陰陽師ではないのですが、神職、僧侶、聖職者とか。陰陽師みたいな存在、術者を作っています。キリスト教のある宗派は街の中にそういう能力集団があって、世界を動かしているという話があります。僕が若い子を引っ張っていかないといけないとも言われているのです。

第二章

対談　保江邦夫と安倍晴明

安倍晴明《あべのせいめい》の記憶

雑賀　安倍晴明のことをよく聞かれます。安倍晴明さんもそうだけど、祝詞《のりと》読んだりすると他の神さまも入られるので。一番近い状態でいうと、寝る直前の状態。まどろんでいる、うとうとしている、あそこの意識っていうのが一番わかりやすい。覚えているか、覚えていないか、あいまいな。そういう意識がずっと続いている状態ですね。そんなとき安倍晴明公や様々な神さまが入ってきます。

保江　他にはどういった神さまが入ってくるの？

雑賀　他には稲荷《いなり》神社の宇迦之御魂神《ウカノミタマノカミ》などが多いですね。

保江　宇迦之御魂神さまは女神さま？

雑賀　時々によって違うのですけど、神さまの大元は形がないと思うんですよね。自然的な存在ですから。そこを、たぶん自分の精神状態によって見え方も変わるのでしょうけど、毎回毎回同じ姿ではないのですけれど、どっちかっていうと女性神のほうが多いですね。

話を戻して、安倍晴明の時代の頃のことですけど、源博雅《みなもとのひろまさ》は実在していたのです。あれは夢枕さんが加えたキャラクターですけど。近い人物はいるにはいました。

保江　なるほどね、僕はそういう話を知らないんだよね。まったく知らないんだよ、興味もなかったし。だいたい物理学者だから。

だから僕にとっては安倍晴明だって、雑賀君の話を聞いたのが最初だから。「それから陰陽師って、ウチのおばあちゃんが言ってたな」って思い出して。おじさんなんかに聞いたら「何言ってんだお前、本家の統領が何言ってんだ」って。それでだんだんわかってきたのです。その系統なのだけど、元々は吉備真備《きびのまきび》から出ている。

雑賀　吉備真備から陰陽道を受け継いだのが、賀茂忠行《かものただゆき》。安倍晴明の師匠って言われています。賀茂忠行や安倍晴明に陰陽道が受け継がれているので。だから元々は保江先生の一族から教わっているんじゃないかな。

保江　僕は賀茂一族の系統だから知っています。賀茂一族は保江の「保」を「やす」と読ませる名前を必ずつける。だから本物の賀茂一族か、そうでないかは、そこで判断する。もともと※泰山府君《たいざんふくん》から『簠簋内伝《ほきないでん》』の原典となった巻物をもらったのは、吉備真備が最初。

吉備真備は岡山のさらに田舎の出だから、冠位登用試験に受かっても、すぐに京都に呼ばれずに、佐賀の税関の役人をさせられていました。もう落ち込んで。岡山からさらに遠い佐賀の外れが職場ですから。そこで中国の人と会って、中国語に長けて中国の進んだ文化を目の当たりにしてしまいます。そして中国に行かなきゃとわかった。もういかんと。そこでコネを得た中国の人たちに頼んで、最初はモグリで行ったわけ。

中国で阿倍仲麻呂《あべのなかまろ》が遣唐使としてやって来て、出会って、「お前頭いいのに、私費（私費留学生）で来てるの？」とビックリされた。

阿倍仲麻呂は国費留学生。それ以来、彼が口をきいて遣唐使にしてもらえたわけです。一回目は私費で、二回目、三回目は国費の遣唐使で行った。二回目に行ったときには鑑真《がんじん》和上をお連れして名前を上げています。最初は国費ではダメだったのに。そのへん、僕も似てるの（笑）。

とにかく国費ではダメなの。でも行ってなんとかなるの（笑）。ところで、今、コントロールできてる？　それとも安倍晴明は突然降りてくるの？

雑賀　コントロールは一応できていますね。

保江　当時の記憶というのはあるのかな？

雑賀　断片的な記憶ですね。思い出せるものは思い出せるし。たまに入ってきて、あとからあの記憶はこういう記憶なんじゃないか、と自分で飲み込んだり。突然降りてくるときもあれば、悩んでいるときに、次どうしようってなったときに降りてきて、解決することもあるし。

保江　特に当時の宮廷、具体的に言うと藤原道長《ふじわらのみちなが》ですね。藤原道長に寵愛《ちょうあい》されて、藤原道長のためにいろいろと動いていたみたいですけど、そういう記憶とかはあるのかな？

雑賀　ああ、あります、ありますね。断片的にですけど。印象が強いのは他の術者から攻撃を受けてたなって、すごく印象的な記憶としてありますね。

保江　当時、呪術合戦が盛んだったからね。

雑賀　そうなんですよ。

保江　宮崎貞行《みやざきさだゆき》先生が書かれた『天皇防護　※小泉太志命《こいずみたいしめい》・祓い太刀の世界』という著書にあるのだけど、戦前・戦中・戦後をとおして昭和天皇陛下を霊力でお守りしていたすごい剣術使いの先生がいらしたのですね。
※鹿島神流《かしましんりゅう》の霊術で備前菊一文字の名刀を毎晩、丑三つ時に皇居に向かって三万三千回振っていた。戦時中はB29爆撃機が皇居の爆撃コースに入ってきたのを見て、払い太刀で消したこともある。大型の戦略爆撃機が忽然《こつぜん》と消えちゃった。

宮崎先生が克明に調査して、それを本に出された。雑賀君からも、第二次世界大戦が始まる前に、陸軍の中に陰陽師の呪術部隊を作ってアメリカのルーズベルト大統領を呪術で呪い殺した。そのため歴史上はちゃんと病死ということになったと、そういう話も聞いていた。そういう呪術。安倍晴明の頃から天皇をお守りするための様々な呪術。そういう話を雑賀君からもっと聞きたいな。

宮崎貞行先生の本によると、当時の近衛文麿《このえふみまろ》閣下もそうだし、政治家は皆、お公家さんなわけよ。そういう人たちが洋行してヨーロッパやロシアの王朝を訪問すると、そういう背後に黒魔術、白魔術のすごいのがいて、それがまず戦争前に相手国の元首とかに呪いをかけてくる。旧制のロシア帝国とかイギリス王朝、フランス王朝の背後にいる妖術使いとか魔術師が本当にすごい呪いをかけてきたことを当時の政治家はわかったのよ。なにしろ当時の政治家はお公家さんだから。安倍晴明とかの陰陽師を使っていた伝統があるからね。

それで日本でも、なんとかせなあかんということで、近衛文麿閣下が、時の立命館大学の総長、中西家のやっぱりお公家さんに頼んで、日本で一番霊力の強い武術家を探し出して、彼に霊刀を与えて、やらせるの。

ロシアのプーチン大統領は、元々はラスプーチンの家系だから。プーチンもラスプーチンって名字だったけど、モロにわかるからプーチンにしたの。だからあんなに長続きしてるわけ。だからまたもう一回憲法改正して、もう一回大統領になるから。

モロ陰陽師みたいなのがなっているのよ、政治家にも。だから日本にも絶対に陰陽師が必要なのよ。

イギリスなんてマーリンという、すごい魔法使いがいたでしょ。ドイツのヒトラーもそうだからね。ヒトラー自身がウイーンの森で修行してさ。まるでプーチンみたいなもんよ。

画学生だった頃はおとなしかったヒトラーもウイーンの森で魔術を受けてから、急に人が変わっちゃってね。ヒトラーは、政権を取ってから、そういった魔術、古代の知恵を世界中で探していたからね。

雑賀　ヒトラーは、ロンギヌスの槍を没収された直後に、拳銃自殺してますからね。

※泰山府君

泰山の山神のこと。道教では人の寿命をつかさどる神とされている。

※ロンギヌスの槍
聖遺物の一つで、ローマ兵の「ロンギヌス」がキリストの絶命を確かめるさいにわき腹に刺した槍とされていて、聖遺物としても有名な槍。

※鹿島神流
日本の古流武術の流派。剣術と柔術を主体にした、薙刀術、抜刀術、懐剣術、杖術、槍術、棒術なども行う総合武術とされている。

世界を動かしている見えない力

保江　世界はそういう見えない動きで回っているっていうことを表に出す時

代で、ちょうどいいタイミングなんだよ。安倍晴明からの苦言を受けとめるときというか……。

　人々の悩み相談とか、そういうレベルでなく、政治とか外交とかもっとちゃんとしたことでね。アメリカなんて終戦のときにすでに調べあげてたよね。進駐軍《GHQ》が来て、剣山の上にすぐに取りに行っただけじゃないんだよ。草薙の剣を取りにきた。岡山に※草薙の剣を隠してる場所があって。ちゃんと『日本書紀』に書かれてあるの。石上布都魂神社《いそのかみふつみたまじんじゃ》に隠してあるって。あの『古事記』と並ぶ『日本書紀』に書かれてある。進駐軍が取りにくるって、そこの宮司さんわかってたわけよ。宮司さんはモノベさん、※物部氏の末裔《まつえい》で、米軍が来るのがわかっていたから、あらかじめレプリカを作ってた。レプリカを磐座《いわくら》の所に差しこんどいて。本物は神主の家のどこかに隠した。米軍が来たときには、※磐座から持っていって……。その後神主さんが老人になってしまって、自宅のどこに隠したのか忘れたの。今の宮司がまだそこにお住まいだから、いつか解体して。そのうち見つけないといかんって。

米軍が進駐してきたときに、物理的な意味で日本の神社をくまなく探し回ったって。

それは日本に内在している霊力を恐れてるから。皇居の爆撃コースに入ったB29が消されてしまったから。原爆初号機も消されたし。とことん研究しつくしてぞっとする。

ところが日本人自身は、戦後アメリカの占領政策で忘れ去ってしまっている。安倍晴明には、「こら、日本民族、思い出せーお前ら」って苦言を呈してほしいね。

雑賀　それに関連して僕も気になることがあって。神社本庁ってあるじゃないですか。神社本庁に所属している神社と、所属していない神社がありますよね。神社本庁という基盤を作ったのもGHQです。でも政教分離という名の下に、神道を廃止しなきゃいけないわけじゃないですか。神社本庁は公的な法人だから。神社本庁作ったのって政治に直接関係してくる話じゃないですか。あくまでも僕の推測ですけど、GHQが物色した神社は神社本庁に管轄させて、また物色してない神社、まだ謎が眠っている神社は、神社本庁に管轄させるのじゃなくて、宗教法人としてやらせてるのじゃないかって思えるところがあって。もしくは、神社本庁が管轄できないような小さな神社のどちらかかな、と僕は考えていて。

その証拠として杵築《きづき》大社や、伏見稲荷《ふしみいなり》大社、靖國《やすくに》神社とかって神社本庁に管轄されていないのですよ。でもかなり大きい神社だし。戦前に関係した神社、まだ重要なものが眠っているかもしれない神社は神社本庁が管轄していないのだけれども。神社本庁に管轄してある神社は米軍がもう調べ上げたのじゃないかなって。調べ上げているつもりになっているのかもしれないけれど。

保江　信じられない話だけど、神社本庁が管轄している神社って、公の場で「神さまはいる」って言っちゃいけないのよ。おかしいよね。神聖なるものであって、神さまがいる、というわけではないのですよ。

※草薙の剣
「三種の神器」のひとつとされる天叢雲剣《あまのむらくものつるぎ》の別名で、現在は愛知県の「熱田神宮」の祭神剣として祀られている。

※物部氏《もののべうじ》
大和国山辺郡、河内国渋川郡あたりを本拠地とした有力な豪族で、神武天皇《じんむてんのう》よりも前にヤマト入りをした饒速日命《にぎはやひのみこと》が祖神と伝わる天神系の神別氏族だとされている。

※磐座

磐座《いわくら》とは、古神道における岩に対する信仰のこととされているが、信仰の対象となる岩そのもののことでもある。

羽生《はにゅう》結弦《ゆづる》選手と安倍晴明

雑賀　「言挙げせぬ国」って言いますよね。もともと日本ではそういうの口に出さないっていう文化があるっていうのを、一応建前にしてる言葉でしょうけど。言挙げせぬ、そういうのを口に出してはいけない。禁忌《きんき》に包まれているのが神道だった、ということを含んでるのかなと思うのですけど、その裏にはやっぱり何かあるかなって思いますよね。

保江　まさにね。熊野《くまの》本宮なんてモロ神社本庁に属していないけど、いろいろありますからね。熊野本宮の関係の神社の宮司さんたちはすごい霊力がある。

雑賀　実は、雑賀家も熊野系の神職だったんですよ。証拠になるかわからないのですけど、雑賀孫市《さいかまごいち》がいます。鈴木家が雑賀という性を名乗って。雑賀孫市の名は世襲でどんどん受け継がれていきます。人物ではなく、名前として受け継がれていきます。それがどういう人物に受け継がれていくかっていうと、雑賀家の当主、雑賀家の一番頭ですね。その雑賀家当主の家紋が八咫《やた》烏《がらす》なのです。

　もともとウチの一族は絶大な霊力を持っていたと思うのです。僕が事故を経験した後に、例えば安倍晴明の魂が入ったとしたら、陰陽道の技術ができるわけじゃないですか。でも、祝詞とかって神道の技術じゃないですか。なんでかというと、おそらく雑賀家の遺伝子が覚えていたのですよ。それがどこかのタイミングで、一回死んだという臨死体験から覚醒《かくせい》させた、復活をさせたと思っていて。

僕も最近知って驚いたのですけど、悪霊に取り憑《つ》かれて、事故にあって言われたのです。悪霊に取りつかれた場所が、とある神社で。そこの神社の名前が熊野神社だったのですよ。

保江　京都の熊野神社じゃなくて？

雑賀　自分の家の近くに熊野神社があって。そこで悪霊に取り憑かれて、今の能力が覚醒したのですよね。

保江　取り憑かれることで覚醒することがあるよね。その悪霊ってどういう類のもの？

雑賀　事故にあったときは、霊感がそんなになくて、自分では分析とかできなかったのです。東京の豊島区にある神主の方に見てもらったのですけど。するると、人間の想念が集まってできたような悪霊で。その根本となっているのが僧侶。僧侶が修行の途中で落ちてしまい、そのまま死んでしまったのですが、まだ修行への思いが強くてこの世に残っている。それを祓ってくれたのですが、大幣《おおぬさ》を振ってもらっているときに見えたのが宇迦之御魂神で、それが一番最初に見えた神さまですね。その後にも猿田彦命《さるたひこのみこと》だったりとかで、今に至ります。これは後でわかったことですが。

すべては雑賀家であり、熊野神社にあるのじゃないかと思っていて。

保江　そのときに安倍晴明に命をもらえたのは、ある意味、一人の少年だからじゃなくて、安倍晴明としては、背後に雑賀家の長い間の霊統と血統があるから、こいつを殺しちゃだめだと考えたわけだ。あのとき、本当は全力で事故から守らなきゃいけなかったのに守りきれなかったから。仕方ないから俺の命をくれてやる、と言わざるを得ないというのは、そういうことなのだ。霊統と血統が一筋縄ではないんだな。

雑賀　安倍晴明の魂が入るにもあたって。普通の人に入ったら受け止めきれない。一回聞いてみました。「なんで僕に入ったのですか?」って。「通常の人物では受け止めきれない。お前は昔から信心深いから神さまに愛されている」って言われました。

確かに昔から「お地蔵さんや神社には絶対に手を合わせなさいよ」と言われていたので、通りかかった所は礼をして通るとか、幼稚園の頃から道端のお地蔵さんに合掌するということは徹底してやっていました。血統、雑賀家って血筋は元々そういう血筋だから。器はちゃんとあるから、だから入った、って言っていました。

保江　お母さんが事故の現場で、雑賀君が運ばれるときに通りかかったって。それも不思議な話だよね。

雑賀　そうなんですよ。

保江　雑賀君のお母さんも不思議な人だなと思っていたけど、さっきここに来るバスの中で初めて聞いたら、お母さんもそういう霊的な能力のある人とのこと。やはり雑賀家の血筋だね。

ところで、雑賀君の前世とかはどうなのかな？

雑賀　前世も安倍晴明って言われましたが、自分では確かめようもないです。生まれ変わりというものも、一人が安倍晴明に生まれ変わるのではなくて、安倍晴明が何人かに分かれて。神道でいう分霊《わけみたま》というものです。一人はオリジナルとして残って、分かれたほうが生まれ変わるらしいんです。おそらく僕の他にもいると思います。

僕が勝手に思っているのは、フィギュアの羽生結弦選手もそうじゃないかなって。

保江　あれだけ本人が晴明、晴明って言ってるからね。晴明神社もずっと行っていて。今の演目が「ＳＥＩＭＥＩ」なんだよね。また最近、「ＳＥＩＭＥＩ」に戻したんだよ。

雑賀　「ＳＥＩＭＥＩ」にすると、ことごとく最高得点を更新する。

保江　「ＳＥＩＭＥＩ」の演目をやめて変な曲にしたら負けちゃってるしね。

雑賀　ショパンとかにしていたけど、また「ＳＥＩＭＥＩ」に戻してる。

保江　晴明神社に行ったときも、ロシア人のフィギュアスケーターで、羽生君のファンっていう子が一緒に来ていたよ、アリーナ・ザギトワ。たぶん、羽生君のパワーがわかって近づいているのだろうね。プーチンに代表されるように、ロシア人にもわかるんだよね。そういえばフィギュアの現場ってすごい呪術合戦やってるよね。浅田真央《あさだまお》ちゃんはむちゃくちゃ呪われたんだって。

羽生結弦君のお父さんとお母さんもすごい信心深いらしいね。晴明神社にも何度も行ってる。信心深いってウワサがファンの間からも流れていたみたい。真央ちゃんは、そういう噂を聞いていないな。やっぱ霊力は必要なのだよ。霊力で守らなきゃいけないんだ。
ところで、実際に晴明さんはいるのかな？

雑賀　京都の晴明神社にですか？　それを言っちゃうと……、あいまいにしてほしいのですけど。

保江　家光《いえみつ》の頃の天皇の後水尾天皇《ごみずのおてんのう》が安倍晴明を移したんだよね。後水尾天皇が泰山夫君の上の、陰陽師の神さまである鎮宅霊符《ちんたくれいふ》を銅像に封じ込めさせて。その神さまは最初、北野天満宮から晴明神社に移して祀られていた。それを後水尾天皇が亡くなる前に、自分が天皇を譲ってからちょっと御所の北の庵《いおり》に籠《こ》もっていた。そのときに「持ってこい」って。晴明神社にあった、ありとあらゆるもの持ってこさせたの。だから持ってこれない井戸しか残っていない。全部、御所の北の庵あたりに祀られているの。

雑賀　本人は「御祈祷《ごきとう》やお祭りのときには力を貸す」とは言っています。

保江　ちょっと、新しい感じがするもんね。

雑賀　ちょっと外向けに、という感じです。

保江　そう、外向けだよね。いろんな霊能者がいて、晴明さんを呼び出そうとするんだけど、ことごとく失敗している。

雑賀　そうです、そうです。あそこでは呼び出せないんです。

保江　「姿が見えない」とか言っている。

雑賀　晴明公が亡くなられた場所なら呼び出せます。

保江　晴明さんはどこで亡くなられたのかな？

雑賀　亡くなられたというか、亡くなる直前に蘆屋道満と術合戦をした場所が兵庫県にあって。乙大木谷《おつおおきだに》っていいますけど。

そこに僕、一回行ったんです。そこでやっと安倍晴明と対面というか。魂のやり取りでもなくて。そこには塔が建っていたのです。晴明塔と道満塔というのが建っていて。晴明塔に行ったとき、晴明塔を御神体として降りてきてくれて、やっと話せたのです。

保江　何歳くらいの姿で？

雑賀　わりとおじいさんに近かったです。たぶん八十歳くらい。見え方は七十何歳で若々しい感じでしたね。

若い頃は美青年という感じで、流行に敏感でしたね。おしゃれだし。中国大陸や朝鮮半島のものとかを取り入れた、っていうのが後に頭角を現したところに繋がっていったわけです。いろんなことに敏感だって感じですね。

保江　安倍晴明は、四十歳をすぎて、表に出てきて出世してくるんだよね。

雑賀　そうなんですよね。晴明公は、四十歳のときもまだ学生だったんです。まだ資格を与えられていない状態だったんですけど、呪術ができたというので。その頃の感じが今と同じ感じになっているのかなと。

保江　安倍晴明は、誰かに見つけられたということかな？

雑賀　安倍晴明公は、いろいろと人助けしていたのですね。誰かに頼まれたらやる、みたいな感じで。それが噂になって。偉い人と徐々に繋がって。だんだん登りつめていって、遂に上の位にいけたという感じですね。

徳川家康《とくがわいえやす》への封印を解く

保江　※小泉太志命という方が、昭和天皇が皇太子の頃から、諸外国の王室の背後にいる魔術師からのものすごい呪術による妨害とかを霊力で全部斬っていた。それを小泉太志命お一人でずっとなさってて。それを本に出されていた宮崎貞行先生に、去年の暮に会って教わったんだけど。今の今上陛下もまた、五月一日から十一月十四日、十五日までで無事に、御即位を終えられた。今現在、諸外国からのものすごい妬みや恨みがやってきている。日本をちょっとでも貶《おとし》めようとしているそうです。

今回の新型コロナウイルスの第一波。最終的にどんな人がかかっているか調べると、中国人が圧倒的にかかっているでしょう。アメリカ人も、フランス人にも移っている。アメリカ人って枠なのだけど実際は中国系アメリカ人なのよ。

雑賀　アジア系の人だけ。

保江　そうなのよ。特に中国系だけが移るの。だから雑賀君が言ったように、ロシア、白人、フリーメイソン、白人至上主義の連中が、アジア人にしか移らないウイルスを開発して試してみた、というのが今回の新型コロナウイルスの第一波。それがものすごくわかる。それだけで終わってたら、今頃はもう新型コロナウイルス感染は終息していた。ところが、中国側が報復攻撃に出てしまった。新型コロナウイルスを更にDNA操作して改良し、鼻の高い欧米の白人を狙って鼻の粘膜から侵入するようにした第2波をロンドンとミラノの国際空港でばらまいてしまったわけ。ヨーロッパにバカンスにやってくるアメリカのお金持ちを狙ったのが、まんまとうまくいって、第2波でアメリカが世界で一番重症になってしまった。

幸い、この第2波の新型コロナウイルスは主に白人をターゲットにしていたために、日本にはそれほど影響しなかったみたいだね。

新型コロナウイルスが怖いのは肺炎になって死ぬからと言われているのだけど、そうではなくて、エイズと一緒で免疫《めんえき》不全になるらしいね。免疫不全になってこの先発症しなかった人もエイズと同じように、カポジ肺炎とか、免疫とか低下したらこれからなっていく。ところが、そのことはまったく言わないよね。

実は今年の一月五日の夜、東京から岡山まで車を一台持って帰って。車でずっと、東名、名神って行くんだけど。夜八時三十分に東京を出てきたから、深夜0時頃に静岡県を通って、愛知県に入って。名古屋に入ったらホテル探すの面倒やし。名古屋の手前の小さい街のインターで降りたらホテルくらいすぐあるだろう、と。たまたま降りて。すぐに見つけて。翌朝明るくなって見たら、真下にお城があるのよ。岡崎城。岡崎インターで降りたわけ。すぐに岡崎の知り合いに電話してみたら、徳川家康が産湯をつかった岡崎城を案内してくれた。「俺、帰るわ。これから岡山行かないかんから」って言ったら、「岡崎インターの近くに家康の菩提寺があるから、そこぜひ行こう」って言いだして。しかたなく連れられて行ってさ。そこには家康をはじめとして十五代までの等身大の御位牌《いはい》が並んでるの。そこに行ったんだけど、正月六日の日なのに誰も来てないのよ。

家康のご位牌は別格でドンと置いてあって、あと十五代までずらっと。たしかに背低かったんだな、昔の人は。

家康の前にシャンデリアみたいな照明がずらっとあって。他にも照明があるんだけど、家康のまん前のシャンデリアにだけ切り紙が張ってあって。家康に対面するように。

「なんでこんなもん貼ってあんの?」って知り合いが見つけて、「あ、これ切り紙やん、やばいやん」。ああいう場所には監視カメラがあって。なにしろ国宝だからね。「今、切り紙を僕が取ったら、僕が貼ったように思われるから。ちょっとお前、僕とカメラの間でジャンプして、カメラ妨害して。その間に僕がピっと取るから」ってピっと取ったら、切り紙じゃん。しかも張ったばっかり。正月二日から開けたってお寺さん言ってたから。

家康は、二百六十年間日本を平和にした。日本を平和にすることだけを望んでいる人なのに、未だに霊的な切り紙で家康を封じ込める。こりゃいかんと思って取ったはいいけど、へたなところには捨てられないし、持って帰ったの。持って帰っても落ち着かないから、雑賀君に以前書いてもらった御札に挟んで部屋に置いてあるの。それから肺炎になっちゃった。封じ込めてたために。

わかってたのよ、原因は。やっとこれを祓って。シャンタンさんって老人が。僕、知らない人だけど。突然連絡があって、「神さまに言われてお前を治しにきてやった」。わざわざ来て治してくれたの。その後飲みに行こうってことになった。

さらに小泉太志命の本を書いた宮崎貞行先生から、「今の陛下をお守りする武術家いないのですかー」ってしつこく聞かれて、「いたら僕が習いたいですよ」って僕が言って。去年の暮にお別れしてたの。

そしたら今年、小泉太志命の本が送られてきたの。読んで面白いし、読んで腑に落ちたわけ。あ、先生がおっしゃってたのはこの人のように……あ、でもこれ、俺しかできないなって。備前長船の名刀、俺も手に入れなきゃと思って。ネットでいくらくらいするかと思ったら、それが百五十万で歴史的なモノは二千万円くらい。これじゃ無理だわって思って。

月刊「ムー」のユーチューブ番組を、「月刊・保江邦夫」として始めることになった。その一回目の収録が一月一三日で。そのときに、「小泉太志命が霊力でB29を消したりした。僕も今の陛下にそうしたいので、※クラウドファンディングで千五百万くらい集めて、名刀を作りたいからお願いします」って番組の中で言ったのよ。

番組の収録が三回分くらい終わって、最後の懇親会のときに、奈良から来ている上品な女性がいて、「我が家におじいさんの代からの天之御中主神《あめのみなかぬしのかみ》の祠がありまず。その祠に祓戸大神《はらえどのおおかみ》も祀っている。その祓戸大神をお祀りしているところにお祓い用の名刀を、昔おじいさんの友達が寄進してくれています。それを最近見るたびに、これをどなたかにさしあげねばならないと思っていたのです。これです！　ぜひ、もらってください！」って言って。

「わかりました。今度二月十三日に岡山に帰るので、そのときに奈良まで車で取りにいきます」って言ってお別れしたんだけど、その日の夜に奈良に着いた女性から、「やっぱり、こういうものは縁起ものですから、旧暦の正月前にお渡ししたい。旧暦の正月から皇居に向かって祓い太刀をしてもらったほうがいいと思います。ついてはすぐに岡山にお届けします」って。

いや、でも僕、そのときは岡山にいないし。旧暦の正月が今年は一月二十五日で。二十三日が京都で、「京都までは行きますから、すいませんが京都まで持ってきてもらえますか？」。と。

備前の名刀なのに、京都で頂戴《ちょうだい》して。駅でもらってバイバイじゃ申しわけないから、きちんとお祓いもして、神降ろしもしようと思って。※祝之神事を陛下にお伝えするのに、ちょっと何段階かあったんですけど。ご神事をさせていただいた御所の、陛下がお休みになる北枕を守る位置にある、小さな一条家が持っている庵があるんですけど、そこに来ていただいた。そこで神降ろしをその刀にさせていただいたのです。

その女性は奈良の石上大神宮《いそのかみ》ですでに前日の二十二日にお祓いをしてくださっていたので、「ありがとうございます。お祓いは止めて、神降ろしだけにさせていただきます」ってことになった。

神降ろしの間だけは、その女性に目を開けて見ていただいて。僕が作法で神降ろしをしたら、石上大神宮の宮司さまがなさった作法と、僕のした作法が同じだったそう。石上大神宮ってまだ作法が残ってんだ……って思って。

石上大神宮でお祓いしていただいた。御所の北枕をお守りする庵で神降ろししていただいて。ちょうど一条家の当主の方が、無事に陛下に祝の神事を伝えた証にといって、大嘗祭《だいじょうさい》で着られた陛下の※麁服《あらたえ》、三木家が作られた、その麁服に使った麻の残りの一本をくださった。突然くださったからハハーってもらって、でもどうやって持って帰ろうと思って。刀を入れるのに、刀袋を東京から持ってきていて。その刀と一緒に、三木家の麁服の麻のひもを入れて、持って帰ってきたのよ。

東京に帰ってきてから、名刀の銘を見てみたくて。白鞘《しろさや》なのだけど。柄《つか》のところを抜かなきゃいけないのだけど、専用のハンマーでやってみても、あまりにも乾燥しきっている白鞘だから。柄のところをコンコンってやったら、ヒビが入っちゃって。ヤバっと思ってやめたんだけど。グッと握ればいいんだけど、握らなかったからヒビが途中まで入ってしまって。瞬間接着剤ってわけにもいかないし、何かで縛ればいいかな、と思ったら麁服の麻のひもが出てきて。あ、ちょうどいいや、陛下の麁服の麻のひもでしばったら、ピシってなって。

毎晩皇居に向かって祓い太刀をする。そこの柄の部分に大嘗祭の陛下の麁服の麻が巻かれている。「あ、こうやれってことなんだ」って毎晩真剣にやっていて。真剣にやるごとに僕がくらっちゃって。もう全世界のあらゆる霊力をくらっちゃって……。

それまでは軽い咳《せき》程度だったのが、もう奥のほうに入っていって……。やった後はすがすがしいんだけど、本当にだめになったらシャンタンさんが、「神さまに言われてお前を治しにきた」、「お願いします」。

「お前何をやったらこんなに……両肩にものすごい……お前ものすごいモノを背負い始めたから、ここが空いちゃって、入り込まれたのだ。人の呪いがここに入ってきている。一応、取っといてやったけど。今までのやり方で国を背負うな」と。

「どうすればいいのですか？　僕には使命があるのです」。

「天皇をお守りすることは、今までは一般庶民が踊りながらやっていた。春祭り、盆踊り、秋祭り、田植え祭り。どんちゃんやりながら守ってた。だからお前も真剣振ってそんなことで、一人で背負おうと思うな。みんながやってくれている、仲間がいるってなんで思えないのだ！」って目からウロコ。

それから一人で背負うのやめたの。そしたらどんどん良くなっていった。

　みんなでワーワーやって楽しくやることで天皇陛下をお守りしていた。今それが必要なのよ。

雑賀　今のお祭りって、お祭りじゃなくて騒いでいるだけじゃないですか。昔の人たちは何がよかったかというと、騒いでいる中にも、天皇陛下と八百万の神さまへの感謝。今はそれがなくて、自分たちが楽しくて騒いでいるだけですよ。

保江　祭は政《まつり》っていうもんね。安倍総理も桜見ていてもよかったんだけど。やっぱり靖國神社に参拝していただいたほうが……。

雑賀　そうですね、そのほうが望ましいですね。

保江　安倍総理は、アメリカの味方のふりして止めてるのでしょうけど、ロシアも諸外国も、靖國神社に総理が参拝することの強さをわかっているから、止めてますね。

雑賀　もともと靖國神社は、日本の新時代の基盤を作った人たちが祀られている神社だから。その意志を一国の宰相が受け継ぐのは当然のことなのですよ。それを諸外国が許さないのは、さっきも言ったとおり、まだＧＨＱが物色しきれないネタが眠っている場所だから。靖國神社に首相が参っちゃうと、その力を得て、日本がさらに強大な力になっちゃうから。

あそこはひとつの時代の分け目なんです。戦前と戦後。戦前と戦後を繋ぐのが靖國神社という場所なんですね。そこにお参りしちゃうと、前後が繋がっちゃって。また以前の強大な日本が甦っちゃうから、外国勢がそれを止めてるんですよ。

戦後、武術家、武道家が排出されなくなった原因もそこにあって。確かに武道の優れた人はいるんですけど、神がかった達人はなかなか輩出されないじゃないですか。保江先生も達人の域だと思うんですけど、ここまでの人って戦前ほどにはいないんですよ。今の日本では数えるほどしかいなくて。その一人が保江先生ということで、すごくありがたいなって思います。

保江　ありがとう。

※クラウドファンディング
クラウドファンディングとは、インターネットを使って多数の人に資金提供を呼びかけ、趣旨に賛同した人たちから資金を集める方法。

※祝之神事
祝《はふり》之神事《しんじ》とは皇太子が即位するさいに、「現人神《あらひとがみ》」となるために受けられる儀式のことといわれています。

※麁服
麁服は、皇位継承に伴う重要な儀式、大嘗祭でまつられる麻の織物です。徳島県の阿波忌部《あわいんべ》氏と呼ばれる一族が、代々皇室に納めているものとされています。

※小泉太志命《こいずみたいしめい》
伊雑宮の前の神武参剣道場で、毎日三万三千回、真剣を振り続け、皇室に降りかかる邪気、邪悪なものを祓う神業を続けたとされている人物。

光の十字架と武道の神髄

雑賀　実は、武道って神降ろしなんですよ。相撲もそうです。相撲もモンゴル力士が多いじゃないですか。なんでかっていうと神降ろしって日本人にしかできないのです。日本の神を降ろすのは日本人にしかできないので。相撲ってもともとは神を降ろして戦うっていうものだったじゃないですか。それを純粋な日本人ばかりがやっちゃうと、本当に神様が降りてきて、日本が強い国になっちゃうから。だから、他の国から力士を作って、邪魔してるんですよ。モンゴルにも呪術集団がいるんですよ。

保江　日本は世界中から狙われていますね。

雑賀　それが光の十字架。保江先生の光の十字架が皇居にあるから、それを全世界が狙ってるんです。

武術家が排出されなくなったのも、相撲と同じように、神さまを降ろす人が少なくなった。僕も実際に阿波研造《あわけんぞう》先生が降りてきたことがあって。

保江　ああ、そうそう。阿波研造先生って、仙台の弓道の先生で。その弟子が当時東北帝国大学に教えにきていたオイゲン・ヘリゲル。彼がドイツに帰る最後まで、「先生、私には弓の心がわからなかった」と言ったら、深夜に来させて。夜、真っ暗な弓道場で阿波建造先生が矢を二本射るわけ。ヘリゲルに、「見てきなさい」って。ヘリゲルがろうそく持って的のところに行ったら、一射目は的のど真ん中に的中、二射目は一射目を後ろから真っ二つ。見えないのに。彼、それをやっちゃった。

雑賀　僕は、弓道と剣道と、あと保江先生の道場で合気道をちょっとやった。

保江　安倍晴明がついているからなんでもできる。今の矢はアルミだから割れないの。これを狙ったってできない。阿波研造先生が降りてこないとできないの。

雑賀　やっぱりそのときに思ったのが神降ろし。神降ろしの技が武道の技と直結しているんだなって思って。神降ろしっていうのも、戦後の日本人の心からはたぶんＧＨＱの政策でしょうけど、神降ろしをする際の心得というものが消されているんです。

保江　戦前だったら、神は、単に踊っていたりしていたら降りてきたのよ。

雑賀　今それができなくなっちゃって。封じ込められちゃった。

保江　封じ込めたものを解放するには、さっき言ったお祭りを変えることもよいわけ。

雑賀　そう、お祭りを変えること。

保江　本来は、たえず、天皇陛下、国、世界の安寧、神さまへの感謝があった。神さまに感謝しながら、陛下に感謝しながら酔っぱらって、それでよかったんだよ。踊る必要すらない。酔っぱらってフラフラするだけでいい。

雑賀　それがなぜできなくなったか、そこが一番疑問じゃないですか。なんでかというと天皇が象徴になったから。元々天皇っていうのは、国民に寄り添って、常に国民の隣にいる存在だったんです。でも、今は「天皇は国の象徴である」っていうふうにして、遠い所にいる存在にしちゃった。

保江　皇居の奥の方にね。

雑賀　そうです。天皇が遠くにいる存在だから、だから自分たちは近づけない存在。畏《おそ》れおおいとは思っているんですけど、畏れおおすぎて逆に近づけない存在になっています。本当はそうじゃなくて、天皇は常に国民に寄り添って、常に国民の隣にいる存在なのです。それを意識している昔の状態だったらなあと思います。

　天皇陛下は現人神ですから、現人神が近くにいるってことは、自分もやはり現人神であって、自分にも神さまが降りてくると思えたんですけど。天皇が遠い存在になっちゃったことによって、やっぱり神さまは自分たちとは関係ない存在だ、というふうになっちゃったんですね。

保江　GHQが陛下に「人間宣言」をしろって命令したんだろうね。あと、憲法に「象徴」。それから変わっちゃったからね。マスコミも天皇を出すときに、やたら象徴、象徴と、くっつけて報道してる。

雑賀　まさに、印象操作ですよね。

保江　マスコミの背後で、金を握ってるのは外国だから。主要マスコミの全部が外国資本だから。孫正義《そんまさよし》さんも外人だからね。日本人が立とうとすると抹殺される。だから個人で立つ時代は危ない。

それより、お祭りだーって、みんなが立てばいいんだよ。ある一人が立っちゃうと潰されるし、消されるのよ。

雑賀　今の時代背景はだんだん本物が現れる時代。ご縁って考え方で言うと、神道って自然主義で、自然のめぐりが一番って考えじゃないですか。スピリチュアル的な方面でも本物が現れてくる時代って言われてて、偽物とか、権力に溺れる人、私利私欲のために力を使う人はどんどん衰退していく。本物の国を守るという団体を結成するのに、どんどん力が目醒《めざ》めていく時代で、「お前もその一人」だって言われたことがあって。自分の使命をわかってきて神職として国に奉仕しようと思っているんですけど。

スピリチュアルってそうですけど、自分がなろうとしてなった人じゃないんですよ。こういう力があるから自分が、自分がと自我が芽生えてるじゃないですか。神さまって自然なんですよ。なので、自然の流れで来た人。こういうのに目醒めて、ご神事とかそういうのを授けられた人。神さまが選んだ人がこれからの時代出ていく、というのがアフター新型コロナウイルスの世界になるんだと思います。

自分が、自分がで、霊感があるから、人よりこういうことができるからっていって、でしゃばっていくと、どんどん潰れてしまうんですよ。


保江 それならいい時代だね。

政治の話をすると、そういう世界を狙っていくるものがいるわけです。表向きはアレですけど、北朝鮮系で。根本的には日本を崩したい人たちだと思うのですけど。自然、ナチュラル、反原発で親和性があって、スピで、「れいわ」に取り込まれちゃった人、けっこういますよね。

ある先生の会なんかそうだけど、「日本人、地球人」って言うんですよ。確かに地球の安寧《あんねい》を喜ばなくちゃいけないのだけど、地球市民なのだから中国人、韓国人とも仲良くしなさいって方向に持っていってる。中国人、韓国人と仲良くする。ひいては総理は靖國なんか参拝しちゃいけないって、愛国潰しになっているのです。そのへんのバランスって晴明さんはどう思うのだろう？

雑賀　国と政権のバランスかな。

ただ、どこの政党もそうじゃないですか。

どこへ行ってもダメです。そこで変えるべきなのは、上が変わって下が変わるのじゃなくて、下が上を変えてかなきゃいけない時代なんですよ。政治家が変わればいいって話じゃなくて、国民全員がさっき言ったお祭りの意識を持たなきゃいけない。お祭りの意識を国民一人一人が持って、陛下への感謝、八百万の神々への感謝というのを持てば、上も変わらざるを得なくなりますよね。そっちに変わらないと票が取れないのだから。そっちに変わらざるを得ない、一番の要点はそこですよね。

ＡＩの神格化

保江　今、外国資本によってマスコミが押さえられている。国民がテレビの影響を一番受けてしまっているのでね。
　今までの日本はね。幸い、テレビはネットの影響で、特に若い人たちは大手のテレビの影響をそんなには受けていない。

雑賀　若い人たちは、どちらかっていうと、ネットの影響を受けやすいんですよ。だんだんと真実が表に出てくる。

保江　矢作直樹《やはぎなおき》先生もおっしゃっているけど、ネットの情報って玉石混交でウソも多いけれど、一般の規制されたマスコミに比べれば真実がポロっと出やすい。まだいいツールだよね。

5Gってあるでしょ。この前、雑賀君、つまり、安倍晴明ともう一人、女性でキリストとかを降ろして、これからどうなっていくって警鐘を鳴らしてくださっている人が、今は我々人間が地球上のあらゆる生命の中で一番上だから、神さまが認識できると教えてくれた。

でも5Gのネットワークが完成すると、AIが我々の上になって、天井を作っちゃって、我々は神さまを直接認識できなくなってしまうという。我々はスマホを覗《のぞ》きこんで、すべてはスマホ経由でということになっちゃう。

雑賀　なぜかっていうと、ここはビルじゃないですか。ここから上を見ても空、見えないですよね。でも屋上に行けば空が見えますよね。どういうことかというと、生物のピラミッドがあるじゃないですか。
ピラミッドの一番上に立っているのが今は人間。人間が一番上だから屋上から空が見られる。

屋上の上に、屋根が作られちゃうと、神さまが見られないようになっちゃう。それがＡＩ。

人間はそれに気づかないと、ＡＩを崇拝《すうはい》する存在になっちゃう。昔にもスマホに変わる存在があったんですよ、なんだと思いますか？

昔から、日本にも、中国にも、韓国にもあった。昔、勺《しゃく》ってなんに使っていたのかというと、メモや伝言なのです。だから今の人たちが持っているのは勺です。

勺は神事に使われるじゃないですか。スマホがもうすでに崇拝されてますよね、ＡＩを崇拝しているし、まるでご神体になっていますよね。それに気づかない人は、上の天井が構成されてきて、人間は神を信じなくなってＡＩを崇拝する時代になっちゃうんですね。そこも皆さんに言いたいところです。

保江　それらを食い止めるためには、テロリストになって設備を壊していくしかないのだけど。安倍晴明がそのときに言ってくれたのは。

「そうじゃないのだ。逆にそれをうまいこと利用して奴ら（反キリスト者）がどうやって我々に忍び寄る。それこそ山本太郎《やまもとたろう》の一派みたいに。どうやって手を広げていくのか、そのノウハウを勉強して、逆活用して。さっきの皆が踊るみたいに、天皇陛下や神さまに感謝をし、お祀りするようにし向ける。5Gを使って」ということだった。

雑賀　逆にこちら側が情報発信をするんです。最初から百をポーンと出しちゃうのじゃなくて、一を出して。一が皆に浸透したら二を出して、それから三を出してという具合にね。

ＧＨＱもそれなんです。だんだん日本から天皇という存在を孤立させて。「天皇という存在は象徴だから上のほうの存在になっちゃった」と同じで、印象操作です。さっき言ったみたいに、元々はテレビしかなかったから。その時代にテレビ局を占領しなきゃ無理だったんですね。

今はテレビの資本が外国になってきたっていうのもあるのですけど、逆にスマホが普及してきた。ネットが普及してきた時代なんです。情報は誰でも発信できる時代。誰でもテレビ局になれる時代ですよ。

なので、情報の発信源を変えて、こっちからだんだんと情報を発信していって。悪い言い方だと印象操作になるのだけど。元々の神道のあり方、戦前の神道とか、天皇陛下とか神さまに感謝しなきゃいけないというのを、一人一人が気づいていかないといけないと思うのですね。

保江　もっとこちら側が発信していくことが必要だってことだよね。いまユーチューブでスピリチュアル系の動画が上がっているの、むしろいいことなんだよね。玉石混淆でも、まぎれればいいんだから。あの動画を全部チェックして、彼らがひとつひとつ対抗しようとするの大変だからさ。
けっこう規制が入り始めているみたいだけどね。でも、紙の本は規制が入らないから。

雑賀　憲法で保障されている。

保江　だから、僕はむしろ将来は明るいと思ってるの。雑賀さんやシャンタンさんみたいなこちらが必要な人材が、「神さまに呼ばれた」って、ちゃんと来てくれるのだから。たぶんそれは強みだと思う。意図的に動いている人っていうのは、企みを常に考えながらやってるでしょ。疲れるよ、あいつら。

雑賀　僕が保江先生と巡り会ったっていうのも、保江先生の名前と関係があって。

保江　加茂一族だね。

雑賀　**蘆屋道満大内鑑**《あしやどうまんおおうちかがみ》によると安倍晴明の師匠にもその字が入っていた。だから「ついていきなさい」っていう、そういうことですよね。

安倍晴明のお父さんも保の字が入っていたし。

保江　そして、加茂一族。本当に人材が集まっている、用意されている時代になってきたって、雑賀君が言ったけど、そのとおりだよ。

スピリチュアル系のカモフラージュで、天皇への接し方とか。そういうふうにオブラートに包んでると、直接的に右翼的なこと言うよりはいいよね。

雑賀　心理戦の要素が強いと思います。相手の心を動かすことが必要なので。

どういうふうにすれば相手が飲み込めるか、それを口に含んで、「これはいらない」って吐き捨てちゃったら意味がないのです。相手が飲み込みやすい状態にして、相手に与えなきゃいけないっていうのが、一個あって。情報の発信源も必要だけど、発信する側のコミュニケーション能力とかそういうのも必要になってくるのかなって。

言葉の時代ですから。これからの時代は「言挙げせぬ国」って神道のやり方を、今度は「言挙げする」っていう、言葉に出して伝えていく時代になっていくはずだから。

保江　それが今まで反キリスト者たちが巧みに使った戦法だから。それを利用しなきゃいけないね。

雑賀　生家の近くに面白い祠があって、イスラム教の神さまを祀っている神社があるんです。
神道は新しいモノをどんどん取り入れる宗教じゃないですか。これからは外国の宗教も神道の神さまとして祀ったりするのもいいと思うんですよね。

保江　全国に白髭《しろひげ》神社ってあるのだけど、あれはキリストを祀ってるっていうよね。伯家神道の先代の巫女さまも、よくマリアさまが降りてこられてた。岡山にある阿部山って、本当に安倍晴明が星の観察に来た山でお屋敷跡も残ってる。蘆屋道満はこの麓《ふもと》で生まれているけど、蘆屋道満が地元のネットワークに強かったから、吉備真備の孫に安倍晴明を紹介できたらしいんだよ。
安倍晴明が星を観測していた阿部山で、鞍馬山で修行して阿闍梨《あじゃり》になったおばあちゃんが、ずっと宗教法人で活動しています、ご本尊はサナート・クマラ、キリスト、そしてマリアさま。行くと前面には神道の神棚があり、その両脇に仁王さまがいて、こっちにキリストとマリアさまの肖像画があるのよ。もう九十三歳なのに、すごい霊力のおばあちゃんで。未だに一本歯のゲタで走ってる。

諸外国の神さまもどんどん取り入れてさ。今もみんなでクリスマスもハロウインもやっているのだからさ。

雑賀　祭りのやり方も変わってきてるんです。神道だけじゃない。キリストの祭もすでにある。すでに入っているけど、そこに感謝を取り入れる。

保江　ハロウインってケルト土着の変なお化けのかっこうするでしょ？

雑賀　日本で言うとお盆ですね。

保江　そう、そう、お盆です。

雑賀　あれはイングランドでしたっけ？

保江　そう、イングランドのケルト民族の土着宗教なんだよ。それが何故かキリスト教の祭りに入っちゃっている。

十月三十日の特異日とUFO

保江　十月三十日は霊界との境目が非常に薄くなる。だから向こうの世界からさまざまなモノたちが来るのです。ハロウインの日付には、ちゃんと意味があります。

神への感謝と天皇への感謝。感謝というか身近に感じること。だからハロウインのとき渋谷にでも陛下においでいただければ……ね。

雑賀　安全面もあるとは思うけど、ガラス越しじゃなくて、ほんとうは出ていったほうがいいんだと思いますね。そのあたりの意識改革。天皇陛下がそばにいらっしゃるって意識になると思うんです。

保江　昭和天皇が皇太子だったときに戦艦に乗って外遊されたんだよね。帰ってきたときに皆で提灯行列をやったの。「お帰りなさい〜」って。そのときに赤坂御所の門を開けたの。皇太子殿下がじっと立っていらっしゃって。まさか皆、そこに皇太子殿下が立ってるなんて思わないから誰か立ってる。で通り過ぎたらしいんだよ（笑）。

提灯行列が見たいだけではなく、幼い頃から皆と親しく接したいと思われていたんだよ、昭和天皇は。

雑賀　ケネディ大統領の暗殺があったじゃないですか。あれはその土台ともいえますよね。もしかしたら、ああいうこともあるかもしれないと警備を厳重にして。一般市民と隔絶させるために意識の根底に根付かせる。日本だけじゃなくて、世界中にそういう意識を植え付けて。世界のトップと国民を切り離すっていう、役割を果たしたんですよね。

保江　それって、フリーメイソンだよね。もう表に出してきてもいいよね。

雑賀　絶対フリーメイソンです。

不思議なことに、ユーチューブでそういう動画を見るんですけど、フリーメイソン、イルミナティが非常に多く出てきてるんですよ。今年に入ってから動画がめちゃくちゃ上がってきていて。ユーチューバーたちはそれを意識しているのかわからないのですけど、そういう動画が増えてきていて。そういうところも表に出していくつもりなのか、それとも逆に向こう側の戦略で出させているのかわからないけど。

保江　※松久正《まつひさただし》先生は、イルミナティのトップが、もう情報を流してもいい、という判断をしたけれど、その下部組織のフリーメイソンのメンバーたちは、まだちょっと抵抗しているとおっしゃってましたね。松久先生がDNAを書き換えたってお話ししていましたから、多少、流れが変わってきているのかもしれない。

雑賀　米軍がUFOの存在を認めた、というのもあったりしています。ある日車に乗っていたら、UFOが現れたんですよ。

大体の方向はセントレアの方向かなって思って……。

たしかに飛行機はいたんです。飛行機はUFOよりもずっと上を飛んでいったんです。月と同じサイズのＵＦＯで、淡い光で。こんな低空飛行ありえないじゃないですか。最初は飛行機と同じ軌道だったんですけどね。

保江　そのＵＦＯを見たのはいつ？　いつなの？

雑賀　一月の七日か八日くらいです。だんだん光が強くなっていって。「なにあれ？」って隣の人も目撃していて。それからすっと消えちゃったんです。そっちの方向かって行ったら、また現れて光が強くなって、また消えて。「なんだったのだろうね？」って。

今思うと、明後日、明明後日《しあさって》と、伊勢神宮に行くんです。もしかしたら神さまなんじゃないかな、と思っていて。伊勢神宮に行ったらまた何か情報が入ってくるんじゃないかなって思っていて。その日は二十二日と二十三日ですけどね。

保江　ＵＦＯの推進力として、フリーエネルギーが使われているという話があるよね。日本の火焔土器はフリーエネルギーを表していて、中に何かを入れても腐らない。まるで冷蔵庫みたいなもので。グルグル巻きのエネルギーがフリーエネルギーのミソっていうことになっています。そう、空間からエネルギーを取り出すためのね。伊達に鶏冠みたいな形だけのものじゃないのだ。

雑賀　火焔土器のデザインは、ただの飾りじゃなくて、ちゃんと考えてというか、直観で作られたんですよね。

保江　古墳の中にもグルグル巻きの紋様みたいのが描かれてあるよね。
お祭りのことだけど、日本人のそういう国民性があったということさ。

「ヒストリーチャンネル」って海外の番組だけど、ＵＦＯが地球人を生み出した。世界各地のピラミッドや遺物は明らかに宇宙人が造ったってバンバン出している。日本はワンオブゼムでしかないんだよな。

雑賀　最近、怖い映像やＵＦＯの映像が極端に減りましたよね。

なぜ心霊や怖い番組が少なくなったかというと、フェイクを流しちゃいけないっていう規制かけられたみたいなんですよ。

保江　昔はフェイクだったんだ。

雑賀　フェイクじゃなくても、あまり根拠のない情報を流してはいけないという規制がかかったらしくて。

怖い番組ってやらないですよね。ドラマみたいのしかやらないじゃないですか。映像を流すにあたって、確証のないのを流しちゃいけないって。でも、それも怪しいですよね。意識を元からなくそうとしているっていうのもありますよね。

保江　ますますテレビが本当に洗脳媒体になってきているよね。

雑賀　それというのも、最近ネットなどの媒体が出てきて、テレビに投資するお金が少なくなったから。海外の資本家が日本のテレビ局乗っ取って、バンバン投資をして、「こっちの言うことを聞けよ」みたいな。なので、日本ではこういうのは流さないようにして。ＵＦＯとか、霊とか、神さまとかを根本からなくそうとしていますね。

保江　意識を取っ払おうとしてるわけね。

雑賀　ネットが増えてきて、テレビ局が弱ってる隙を突かれたんですよ。

保江　昔は確かに、ＵＦＯや霊の話題のテレビ番組あったよね。ネットを見ればＵＦＯとか心霊番組とかいっぱい出てくるけどね。

雑賀　ただフェイク映像を簡単に作れるようになったという点でも、偽物はたくさん出るようになったとは思います。

保江　そういうフェイク動画を流すことで、そういうものは偽物だよって印象を与えようとしてるのでね。たまには本物も入っているからね。

※松久正先生

ドクタードルフィン・松久《まつひさ》 正 ∞《ただしむげんだい》 ｉｓｈｉ

鎌倉ドクタードルフィン診療所院長で、日本整形外科学会認定整形外科専門医であり、日本医師会認定健康スポーツ医

ほかにも、米国公認ドクター オブ カイロプラクティック

「地球社会の奇跡はドクタードルフィンの常識」の〝ミラクルプロデューサー〟

超神レベルで人類と地球の覚醒を担う高次元存在として、社会と医学を変革している。

超高次元エネルギーのサポートを受けることで、人類をはじめとする地球生命の松果体を覚醒させ、人類と地球のＤＮＡを書き換えている。

著書に青林堂の『神ドクター Doctor of God』他多数あり。

日本人の意識変革を

保江　晴明さん自身が、日本人のそういう意識について、どう思っているのだろうね？　ふがいないとか、戦争でやられてしまったから仕方がないとか。

雑賀　日本人の意識がダメになったとかそういうふうにはあまり思っていなくて。そうなるのだったら、それは自然の理だろうっていう感じの人なので。全部自然に任せとけよっていう感じですね。

日本の根本にあるのは神道。神道は自然信仰。あるがままを信仰して、あるがままを受け入れて、あるがままに過ごせばいい、って言っています。

あまり自分が、自分がって意識改革をして。意識をバンと１８０度変えると、逆にマズいことなので。そういうほうが悪いほうに力を使っちゃう。本人は気づかずにいい方向に導いているはずだと信じ込んでいるんだけど。実は悪いほうに導いているのです。

一番これだけは守れって言われているのが、見えるモノだけがすべてじゃないし「見えないモノがすべてでもない」。それを耳にタコができるほど教えられましたね。

さっき言った話とは逆になると思うのですけど。自分で日本を変えてやるとか、そう意識を持っちゃダメなんですよ。意識を持たないうちに、内側からまず自分を変えていく。そうすると他者を変えるエネルギーも自分から満ち溢れてくる。まず自分から根本に気づくってことが大事なのです。後はそのまま、あるがままに任せればいいのです。

まずは自分が気づいて、できる限りのことをやっていれば、それは自然といい方向にまわりを導くことができる。気づいたから、これを押し付ける、発信しないといけない。そこに自我が生まれちゃダメですよね。
これが神道の根本ですよね、自然を愛する。それも愛ですよね。

保江　愛だよね。日本人を変えようと思ったら、そこでダメってことだよね。

雑賀　まずは自分を愛する。自分を愛するようになれば、自然と他者を愛せる。そこから愛が広がっていくんです。

保江　まさに天皇陛下のお立場がそうだよね。陛下は日本人を変えようとかじゃないからね。
政治家を変えようとか、システムを変えようとか、みんなで変えようではないんだ。天皇陛下ご自身が日夜努力されている。それだけで、自然とわかる人にはわかっていくし。やっぱり現人神はそうならないといけないんだよ。

みんなが※現人神になっていかないと。

※現人神《あらひとがみ》
現人神とは神のような人間を表わす言葉。この世に人間の姿で現れた神であり、生きている人間でありながら同時に神であるということだといわれています。

魔をもって魔を制する

保江　さっきの話。家康のお位牌に貼られた切り紙の件だけど、フリーメイソンとかは日本の安寧を破ろうとしている。そこのお寺さんもおっしゃってたんだけど「二百六十年も戦のない世の中を実現させた家康の想いは、平和のみだった」と。徳川百条っていうのを制定して、仇討ち御赦免状は一回だけなんだよ。

　僕と雑賀家があって、僕が雑賀家の当主を殺したら、雑賀家のボンボンは仇討赦免状を申請して、僕を仇討ちできるのだけど。僕の子供は赦免状を申請できない。もう終わりにしろと。どんどんやっていたら諸外国みたいに恨み、つらみがどんどん溜まるだけだからね。

　一回でたがいに手を打てと。世界的に見てもすごい法律を家康さんが残してくれて、二百六十年間平和を維持してさ。亡くなられてからも霊となって、日本の平和をずっと案じている。それをフリーメイソンとかは壊そうとしている。日本をダメにしようとしているわけ。

雑賀　さっき、保江先生が御札に挟んだっておっしゃって。たぶんそれで僕の体調がめちゃくちゃ悪くなった。今年の一月に何ものかが来て、めちゃくちゃ落ち込んだ時期があったんですよ。

保江　ああ、やっぱり。こっちにも来て、だから二人しておかしくなったんだ。

雑賀　なんだろこれってことがあって。精神的にも肉体的にも疲れて。どうしよう、どうしようってなってたんですよ。どうしようもないから、自分で自分をお祓いしようと思い立ったわけで。

自分で自分をお祓いして。一月の寒い中、風呂場で簡易的にですが禊して、ずっと大祓詞《おおはらえことば》唱えて。けっこう熱が出て。これはダメだなって。一月はまだ学校ありましたが、行けない状態が続いちゃってた。

保江　僕が具合悪いときと同じ時期だね。

雑賀　学校に行けなくなっちゃって。家で自分自身をお祓いして。学校に行けるようになったときは、なんとか遅刻して行ったりしてました。あの御札の力がどれほど強かったか思い知りましたよ。

保江　切り紙自体は陰陽師が使うものだったね。フリーメイソンも使うやつだよ。

雑賀　もちろん日本が諸外国の中でダントツ一番霊力が強いですから。霊力が強い国の霊を取り入れるのは当然なのです。日本人からもフリーメイソンのメンバーが出ているけど、そちらのほうがかえって危険かもしれないです。

保江　フリーメイソンの主要メンバーとかは日本から行っているからね。彼らは※石工《いしく》だから。日本にも石工がいるでしょう？　元々の石工の人が。

ブリヂストンとかもそうだよね。

家康のご位牌を照らすシャンデリアからはがしてきた紙を、大天使ミカエルと聖フランチェスコ、弓弦羽神社《ゆづるはじんじゃ》のお守り、これで挟んで持っていたんだ。それでもダメで。更に茶道の家元に書いていただいた「愛」で挟んで、なんとかギリギリ。僕は持ち歩くのが嫌だったから。雑賀君に前に書いてもらった二種類の御札があるのよね。それが挟んである手帳がなくなっていたんだけど、どこからか出てきた。その御札で挟んだら、やっと止まった。

暗黒面の「魔をもって魔を制しろ」。それを使わざるを得なくなって。大天使やお守りという清いモノだけでは収まらなかった。

それでも雑賀君にも影響が行き、僕もガタガタになり、それでも抑えたの、とにかく必死でね。

雑賀　そこで、「それ（家康のご位牌からはがしてきた切り紙）を利用すればいい」っていうわけ。

保江　そう、そのとおり！

雑賀　逆に利用する。

保江　そう、そうなんだよ。そのときに僕にも何人か教えてくださって。魔を入れて平和を実現しろ、とね。

雑賀　その魔で魔を制するという、はがしてきた切り紙は、徳川家康公が与えたものとも思えます。

保江　あ、やっぱりそうなんだ。

雑賀　「ここに保江って人物が来るから、ここに張り付けてあいつに持ち帰らせろ。それを日本の力として利用できるから、それを利用しなさい」と

保江　ありがとう。そういうことか、やっぱりね。

そういえば、鳩山由紀夫《はとやまゆきお》の沖縄のアメリカ基地移転の話も、日本人同士が争うようになったのは、辺野古に決まっていたのに、県外なんて言い出しちゃったから。また基地問題が再燃化しちゃったんだよね。

鳩山由紀夫も石工なんだ。沖縄がせっかく収まってたのに、そのおかげで、日本人同士が争うようになっちゃった。

あの人もお母さんがこの前、相続税で名前があがっちゃったから。どんどんボロが出るのよ。あの人たちが日本を食い物にしてきたということが表に出てきた。

民主党政権はやっぱりマズかったね。今の立憲民主党の枝野とかもね、最悪だよ。

雑賀　昔の呪術ってそういうものなのです。今、保江先生が言ったこと、念というか、想いとして飛ばしたら、それが呪術になるんです。昔はそれができたんです。今の日本じゃ少ないですが。もちろんできる人はいますよ。先生もやろうと思ったらできますよ。

保江　そろそろ、やんなきゃね。
安倍総理の、一回目の下痢で苦しんだ病も、韓国の呪術か何かだろうね。

※石工
フリーメイソンは、ヨーロッパの王室護衛「テンプル騎士団」が起源であり、

石工職人の組合が起源といわれています。石工職人は設計や建築技術を弟子たちに伝え、各地を歩く職人を見分けるため、様々な秘密が生まれていったといわれています。

円は縁

雑賀　言われていることは、お前は資格も持ってないし、見習いの段階だし、将来もそうしてほしいのだけど。お前はまだ人からのお礼などのためではなく、自分の誠意としてやりなさい。もし、お気持ちとしてもらえることがあったら、それは縁。お金の円。それは受け取りなさいって。

うまい具合に、どこか神社に行かなきゃいけないってときはちょっと多めにいただけるんですよね。旅費もそこから出すことができたり。だから、お金って縁なのですね。

一回欲が出て、お金を貯めてたんです。そしたら仕事がまったく入らなくなっちゃって。まわりでどんどん悪い事が起こるのですけど、仕事が入れられないんですよ。

お金は巡りだから、使わないと入ってこない。使わずに貯めておいたら、お金じゃなくてただの私欲だから、そういうもの持ってるやつには我々の力は任せられないと言われたのです。だから入ったら使っていますよ。

今、ありがたいことに、大学で一人暮らしをするってわかってるから。どんどん仕事が入ってきて、お金も積み立てて、今年の四月からの一人暮らしに備えて、なんとか貯まってきています。

お金というものは、求めるものではなくて、入ってくるものと思っておくようになりましたね。

保江　それはそのとおり。僕も経験でそれはわかる。使ったら使っただけ、もうなけなしのお金を出しても、不思議と必要なときに入ってくるの。貯めていたら何も来ないしね。

お金は必要なタイミングでなんとかなるの。神さまは決して見捨てないのよ。

雑賀　神さまに、「いつもありがとうございます」って言っていれば、なんとか助けてくれるのです。

保江　本当にそうなのだよ。ウチの親父もそうだった。「金使いが荒い」って親戚中に言われてて。本人はそれでまわるんだって知っていたみたい。陰陽師のアレでわかってて。雑賀君が言ったの、そのとおりだよ。

たとえば、高いカメラを作って売ってる人だって、それで生活してるんだから。

お金を自分が手に入れるってことは、その相手の人が損をするってことですよね。相手はお金を出すってことだから。自分がお金を手に入れるってことは、やった！　得した！　じゃなくて、相手を損させてしまった。その面もあります。逆に自分がお金を出したってことは、相手が得したってことで、いい事したってことになる。徳を積んでいるってことだよね。

雑賀　だから、私利私欲が強い霊能力者っていうのは、「今相談したら30分いくら」、「いくら振り込んで」、「あなたに霊がついてるから、いくら振り込んで」とか。どんどん貯めまくってるんです。それはまわりに損をさせまくってるっていうこと。そのくせ自分は使わないじゃないですか。使っても私利私欲のために使って。設備投資をしないのです。

入ってきたお金をちゃんと使うってことは、自分のまわりの設備投資をするっていうことなのです。

設備投資は自分の趣味もそれに入ります。自分のメンタルトレーニングとか、息抜きだったら趣味もそのうちに入るし。自分を着飾るために使うとか、自分のまわりを囲うために使うのは、それは間違った使い方で。あとは貯め込んで、貯め込んで、他人からお金を巻きあげてまで霊をお祓いしてっていうのは、あんまりよくないのだと思いますね。

一番いい使い方で、この霊能力者に任せても大丈夫だって人は、お金をあまり意識しない。本当に持っている人はわかっているから。神さまがいて、いざとなったら、ある程度有名だったら人払いのために必要じゃないですか。必要以上のお金を要求しないっていうところが、あるべき霊能者かどうかを一番見分けられるところかなって思いますね。

保江　そうだよね、そうだと思う。

神さまって本当に不思議だって思うのはね。今から三年前になるけど岡山で車で走ってて、ふっと見たら車屋の軒先に中古車が一台置いてあって。急ブレーキかけて「ちょっと見せて」って。ほんとうは車はもう必要なかったの。その頃は車を四台持っていたからね。そのときになぜか欲しくなって。百二十七万円だったかな……。とにかく1万円、手付金で置いてきて。

「これ、買ったから」と言って。買ったはいいけど、どうすんの、これ。俺……。古いミニクーパーの最後の年度だけど、これを買っとかないと、今から三十二年前の製造はもうない。だけどものすごくいい車なんだ。全然サビてないし、まだまだイケるぞと。

買ったはいいけど、何すんのって。東京に来ることになって、岡山に四台、車を持ってて、その上にもう一台……アホやな俺ってと思ってたら、ふと東京で乗ってみようと思って。それが偶然、白金の近くに相場の半額以下の駐車場見つけられてね。今や東京の中で重宝してる車なんだよ。おしゃれだし。群馬でもどこでも、すぐに行けるのよ。今、その車がないと東京の生活がまわらない。

　乗っていてものすごく気分がいいし。あのとき、神さまに言われて急ブレーキかけたのが全部つながってきていて。あのとき買ってなかったら東京で乗る車もなかったしね。

雑賀　今のような活動もできなかったかもしれないですね。

保江　そう、そう。不思議なことにそのとき持ってた岡山の車を二台廃車にして。岡山には二台しか残っていない。軽トラを含めて。こっちに一台ね。意図的じゃないんだ。後でふと気がつくわけ。神さまはこのためにあの車を買わせたんだなってわかる。

　松久先生のパワーはすごくて、松久先生を撮ってるカメラ、ライカという高価なカメラが壊れたりするらしいね。カメラのシャッターが降りないとかシャッターが固まったり。
松久先生のお母さんもそうらしい。電化製品をすぐに壊しちゃう。スマホから何からね。霊力強い人のそばにある電子機器がイカれちゃうことは、よくあるみたいね。

雑賀　手を叩いたらシャッター切れちゃうかも。

保江　あ、あるよね。一度愛知県の道場で、愛を全面に出して 合気をかけたら電気が切れちゃってさ。愛の力というか、霊力ってすごいよね。

雑賀衆と日本の裏歴史

保江　今上陛下（今の天皇のこと）になられてから、日本も良くなってきたと思うよ。

雑賀　そう思います。天皇陛下の影響はあるものなんですよ。

霊力が強い、弱いって大変失礼なことだとは思うんですけど、どうしてもそういうのはあるものですよね。

保江先生も言ったように、今の上皇陛下の場合だと、人格はとても優れたお方ですけど、霊力の面でいうと少し劣ってしまう。

上皇陛下は、改革していく世の中の間として、必要なお方だったのですね。ただ、これから改革の時代になると、今の上皇陛下では、ご本人も「無理があるかと思います」って表明されていたんですけど。

それと一緒で、身体に負担がかかるし、今の天皇陛下に玉座に就いていただいて。それで変えていかなきゃいけないのです。

変えていく力っていうのは、今の天皇陛下のほうが優れていた。霊力がさらに上なのです。日本を変えなきゃいけないのだけど、まず足元が変わらないといけないから、象徴である天皇陛下が変わって。だから「偽物が潰れて本物が現れる」っていうことですね。

今言った偽物とは、霊能力がない人。霊感がないのに霊能力者を気取っているような人だけじゃなくて、霊感があるのに人のために動かずに、自分の欲のために動いている人っていうのも偽物の中にはいるんじゃないかなって。それが衰退して、今度、新しく日本を変えていける人材。自分で変えようって人じゃなく。まず自分が変わってきて自然とまわりが変わってくるような人材。もしくはもうすでに生まれているけど、僕みたいに覚醒したりとか、そういうことが起り始めている時代だってすごくわかります。なにか肌で感じますね。

神道系大学の倍率が今年異常に高かったのですけど、行く家、行く家で、一つ下、同級生、一つ上の世代で、「娘、息子なのですけど霊感があるのです」って相談に来る人が多くて。だいたい高校生、中学生、大学生。この年代なんですよね。

保江　並木良和《なみきよしかず》さんや白井剛史《しらいつよし》さんが言っているようだけど、昔は転生させてやってた。ところが今はそれじゃあ間に合わないから、ストーンって子供として落としてるって。そんな時代になってきたんだね。

雑賀　この前一件、お仕事に行ってきて。そこの娘さんがすごい霊感が強くて。韓国の陰陽師、豊臣政権が攻めてきたときの陰陽師の血統なんですけど。

ウチの雑賀家は、豊臣政権に迫害されているのです。雑賀家が衰退したのはそこからで、織田信長の世代はすごく盛り上がっていたんですけど、その勢力が衰え始めた原因というのが、豊臣に迫害されたから。迫害されてから、日本に残った人と韓国に渡った人とに分かれていって。

韓国にも陰陽師がいます。元雑賀の名字が入ったサイカとか何か。そこの家系なのです。元々祖先が一緒で。その家系の陰陽師の生まれ変わりだから。モロ同じような感じで、すごい気が合って、最近もよく連絡を取るんですよ。自分が将来関わってくるのだろうな、と思う子がその子。たぶんキーになるのかなって思っています。

その子が僕のことを知ってから、「大学の神道文化学部行きたい」って言いだして。この子はもう、そういう子だなって。そのときはその子とは会っていませんが、親御さんに自分が事故にあってからのことを話したら、「あなたが言ってることとまんま一緒だ」って。

保江　娘さんが？

雑賀　娘さんにそういう能力があるらしくて、その子に弟がいますけど、

「弟がケガをする夢を見た」。弟に、「自転車乗るな」って言ったんですけど、弟は信じてないから自転車に乗ったら、お姉ちゃんが言ったそのままの場所で足を骨折したんですよ。それから親御さんも信じるようになって。弟が弓道をやっていて、僕と道場で会って、「お姉ちゃんがこうなんだよ」ということを聞いて、ご縁が結ばれたのですけど。そのご縁も不思議だなって思いますよ。

保江　要するに、昔の雑賀衆が集まってきてるのだよね。

雑賀　そうなんですよ。雑賀衆の集団が集まってきていますね。

保江　今、世の中に雑賀衆が、しかも若い集団が出てきているってことは、今の天皇、愛子さま、そしてこれからの日本が良くなる。守ってくれるために出てきているよね、そういう人たちが。本当にそれぞれが、それぞれの力を、それぞれの場所で発揮して、皆を躍らせて。そういう時代に入ったんだ。ついにその時が来たのか。安心できるよ、いいねぇ〜。けっこう雑賀って名字残ってるもんね。

雑賀　そうですね。

保江　特に和歌山のほうに雑賀の名字が残っているよね。戦国時代の雑賀衆って有名だしね。

雑賀　そこの雑賀衆が鉄砲を手に入れた経緯っていうのも、これも特殊で。当時、種子島一丁が今の価格で一億円、二億円もしたんですよ。それを手に入れたっていうのも、日本の裏でいろいろ動かしてた八咫烏の家紋の集団だったから。それで莫大な資金が手に入って。天下一の傭兵集団って言われた雑賀衆は、元神主でもあり、忍者でもあって、そのうえ鉄砲隊ですからね。

保江　紀子さまの弟、川嶋舟《かわしましゅう》って。なかなかいい男で。東大の農学部出て、東京農大の教授をしてるのだけどね。たまたま出会って、いろいろ話したら、僕が一番聞きたかった紀子さまの話、鍋島の遠縁なのかということ。一般人でも結婚できたからには、本当は鍋島の遠縁のはず。僕がつかめてなかったときに出会ったから、具体的に聞いてみたの。「お前の川嶋家ってなんで九州の鍋島家とつながってるの？」って。

川嶋家は雑賀衆と同じで和歌山なのよ。川嶋家のご先祖はその頃、和歌山の廻船問屋だった。鍋島家と船を廻してて交流があったんだ。その頃の血縁なのでしょうね、と彼が言ってた。

鍋島は当時、幕府の勅命で鍋島藩が長崎の出島を管理していたからね。そこで、江戸時代禁止されてた鉄砲から何から、アームストロング砲とか全部を輸入してね。

本願寺を表に出して、織田信長の頃に鉄砲を流してたのは前からやってたのよ。

鍋島がまず外国から仕入れて、それが和歌山の雑賀とか川嶋とか、あの辺の連中が近畿の豪族に売っていたんだと思う。

当時の外国からの文化だもんね。鍋島からしか手に入らないから。通商行路があったのは鍋島、佐賀湾までだからね。

堺の紀伊國屋文左衛門《きのくにやぶんざえもん》とかね。紀伊國屋文左衛門は庶民に必要な大阪のほうで、裏のほうの御禁制の品物とかは、和歌山の雑賀とか川嶋が抑えてたんだ。

雑賀　雑賀家っておそらく秘密結社なんですよ。秘密結社だから遺伝子も呪術。祭祀《さいし》の遺伝子を持っているので、僕の場合、それが途中で目醒めたのじゃないかな。

保江　天皇家の血筋、全部、熊野大社、熊野本宮で預かっていたからね。当時は雑賀家と天皇家とツーカーだったからね。

雑賀　ところで、八咫烏のことですが、八咫烏は本来だったら表に出てこない存在なので。本当に普通の人として生活していて。普通の人ですけど、天皇家を裏から支えている存在なんですよ。

保江　そう。ふつうに生活をしていて、嫁さんを世話していてね。

雑賀　八咫烏は昔からあったんですよ。安倍晴明は八咫烏の表の見える部分ということですね。

安倍晴明のことは、天皇も見ていたし。これだけの呪術者を裏の組織が見逃すわけないのです。安倍晴明は、八咫烏の中のメンバーだったとは思いますね。

第三章

オタク思想が世界を救う

呪術《じゅじゅつ》合戦

雑賀　お金のためにって人は神さまが見える、神さまの声が聞こえるっていう人を作って、お金を巻き上げていく。さらにその上の人が作ったのを巻き上げてって、そうしたシステムが現在できているようです。

僕も、そういうところにハマっちゃったっていう人から依頼が来たことがあるので。一番やっかいなのが一番トップの人って普通に力を持ってるんですよね。

そこで呪術合戦というか、僕も高熱を出して。どうしよう、どうしようってなったんです。依頼者さんの家にも異変がけっこう出始めたので、そっちのほうに、「呪術を送り返しますね」って送り返したら、依頼主の家に関わっていた向こう側の霊能力者の人が、もう痩《や》せこけちゃって。その上の人から依頼者さんあてにＦＡＸが来て。こんなことやってどうなるかわかってんだろうな、お前がやってることは神への反逆行為だ、みたいな。負けたんだな……って（笑）。呪術合戦ちょっとやったことありますよ。

呪術をかけられてると、日常生活でも友達が怒りやすくなっていたり。僕に呪術をかけてるんですけど、僕に直接関係あるものだと、熱が出たり、頭がめちゃくちゃ痛くなったり。そういうときは、塩を持って風呂場に行って、冷水のシャワー浴びながら塩振って大祓詞《おおはらえのことば》を唱えてってやるんですけど。主なやり方を言うと、大祓詞を唱えたときに、水がしたたり落ちるじゃないですか。形代《かたしろ》って紙の人形作って、数滴かけておくんですね。神棚の横に不動明王を祀ってあるので、そっちの不動明王《ふどうみょうおう》の前でいろいろやる。

保江　不動明王を横に置いてやると確かにいいよね。安倍晴明もそうしていたので。不動明王を生かしていたからね。

雑賀君のようにに若くしてそういうことを理解できる人、ちゃんとしている人がこれから増えていかないと。

今回の新型コロナウイルス騒動だって、結局早く気づけよ、と。薬とか隔離とか、純粋な公衆衛生学、医学的な努力だけじゃ足りないよ、と。

昔から、疫病が広まったときには、神主総動員じゃないけど、お坊さんとか加持祈祷やっていたんだし。

雑賀　今の新型コロナウイルスだって、大仏とか建てれば収まるのに、今の世の中はそういうことやらないから（笑）。

保江　イタリアで今一番感染者が増えて、死亡率が一番高いんだけど。イタリアってカトリックの本山だから、死ぬときにカトリックの神父さんがずっと看取るわけ。だから神父さんが感染しちゃうんだって。「それでもお勤めを果たせ」とローマ教皇フランチェスコが檄《げき》を飛ばしたと。ちゃんと神の愛を受けられるような、日頃のきちんとした神父であれば大丈夫だから。形骸《けいがい》化《か》してしまった神父で、タバコ吸って、神父にあるまじき生活をしてんのよ。ポルシェに乗っていたり。そういうのを批判する雰囲気で、「それでも、とことんやれ!」と教皇さまはおっしゃった。

教皇さまの名前になったアッシジのフランチェスコという修道士は、中世のイタリアでみんなが病に倒れるようなときも奇跡をどんどん起こし、蛇や獣までも寄ってきた、すごい聖人。でも異端者だった。当時のカトリックの本山からは異端者扱いをされて、非難をされて、命まで狙われてね。

フランチェスコは、キリストの本当の教えは、のびやかに、軽やかに、あなたのままに。これがキリストの本当の教えだと説いて、自分は奇跡を起こして、※聖痕《せいこん》からは血が出てるの。だから、いわゆるハイエラーキの教会の他の神父からは目の敵にされてしまったんだよね。

話はちょっと違うけど、この前、たまたま京都に行って、平安時代から京都に住む人たちの知恵を教えてもらった。京都って神社とかお寺とかがいっぱいあって、御神事とかスピリチュアルな人たちもパワースポットとして全国、全世界から来ているでしょ。そういう場所に行ってみんな感動して座禅組んで、感動して勝手に。「何かが見えた」とか言うわけ。

本を書く人もいるし、雑誌の記事も出るし。京都って言ったら、そういうパワースポット、霊的スポットなところだよね。

京都に住んでいる、一年三百六十五日いる人たちの中に、パワースポットで世話をする人がたくさんいるのよ。単なる普通の日常としてね。その人たちは、「ここがパワースポットだ」って感動している雰囲気がなかったしね。ちょっと聞いてみたの。古くから京都に育って、京都に代々いる人たちは、神社仏閣、パワースポット、そういうものどう思ってるのって。あるいは、こういうふうに見ている、この程度の付き合いとかあるのかって。

その中に僕も目からウロコな返事があって、そういうものに対する対処法があって、家訓というわけじゃないけど、ひい爺さんの頃から代々守ってやってきてるのだと。

なんですかって聞いたら、ちょっと思い出しながら、「仏ほっとけ」、「神かまうな」、「他人頼むな」、「身内うっちゃれ」。この四つに徹する。毎日、自分の生活を淡々とやっていく、それが人の道なんだ。そうやってないとブレるんだって。

個人主義のように聞こえる言葉だよね。利己主義の一人として生きているぞ、俺は。誰の手も借りんぞ、って偏屈親父にも聞こえるけど、そうじゃないんだ。これが神の愛なんだって。これができて、初めて人のことをかまってあげて助けてあげられる。これができてない人が人助けとかちゃんちゃらおかしいと。こういう筋が通ってないくせに、やれボランティア、やれ神頼みというのは違うんだって。なるほどって思ってね。

一千年の都に住んでてブレないのは、こういう言い伝えというようなものが連綿と伝わってきているからなのかなと。もう久しぶりに感動したよ。おそらく、縄文人がそうだったのかもしれないね。

それが本当の日本民族の生き方なんだよ。本当を言えば僕自身がそうなの。ご先祖のお墓は荒れ放題、御神事はしてるけどちょっと変わった御神事で。自分は興味を持って御神事はするけど、他のことは一切しない。親戚とは絶交状態。といって他人には頼らない。唯我独尊ではないけれど自分の世界で生きている。非常に冷酷で冷たいように見えるけど。僕、実際はあったかいんだよ。頼まれたらとことんお世話をするし。気が向いたらものすごく入れ込むし。

基本は冷たい。昔からそう言われてきたね。津波、原発、今回の新型コロナウイルス。みんなテレビ見て「かわいそうやな〜」って言ってるけど、全然そう思わない。頼まれたらするけど、僕が行ったってしょうがないでしよ? 矢作先生や松久先生のようなお医者さんが行ったら役に立つけど、というのが今までは皆にわかってもらえなかった。

まさに僕のそれまでの人生が、京都で聞いた、「仏ほっとけ」、「神かまうな」、「他人頼むな」、「身内うっちゃれ」。これで生きてるのよ僕。その結果、おそらく神さまに最も愛される人間になれた。ブレてないということで。と、僕は思うよ。

雑賀君みたいな少年が出て、みんなの目を開いて。「仏ほっとけ」、「神かまうな」、「他人頼むな」、「身内うっちゃれ」っていう気持ちで、淡々と自分の置かれた場所で、自分のやるべきことを淡々としていけばいいのだ。そこに神さま救ってください、仏さま、誰か助けて、お父ちゃんに頼もうとか、そういうのは、なしでいいんだよ。

雑賀 今、大仏を造れば新型コロナウイルスが収まるって、あるかないかって考えている時点でダメなんですよ。あるものって認識じゃないとダメなんですよ。本当にあるのかなって造っても効力はないのです。

日本ではかつては、ずいぶん造ってきましたが、それは当たり前のことだったんですよ。今、当たり前のことが当たり前じゃなくなっているというのが、世界が悪化している一番の原因かなと思います。

保江　そうだね、大仏は造るべきだな。高崎にある大きい観音さまでもいいし、ゴジラでもいいよ。巨大なゴジラ像。ゴジラって今回の新型コロナウイルスと同じようなものだよね。突如海から出現して、東京にやってきて、自衛隊が必死で応戦してさ。

まさに映画『シン・ゴジラ』だよ。オリンピックが一年延期になるのだから、そういう仕事をする人の仕事もなくなるし、お台場にゴジラの大仏（笑）。公共事業。ガンダムでもいいけど、ガンダムはもうあるから。ゴジラ仏。オタクだったらやるよね。ゴジラをお台場に建てようと。ガンダムの三分の二の大仏をオタクが作っちゃったらどうかな。

静岡だっけ？　個人で戦車作っちゃって。本当に動くんだよ。キャタピラは本当にキャタピラ作ってる会社に作らせて。公道は走れないから、トラックに積んで。そしたら自衛隊の展示のときに自衛隊が呼んでくれて。本当の自衛隊の戦車みたいに展示してくれて。あの人は最初は耕運機か何かを改良して、水陸両用のアメリカの兵員輸送車を作ったんだよ。動く部分はコンバインか何かだったのだけど。

それが、「ちゃっちい」って言われたから、一念発起して全部作ってね。オタクじゃないとできない。それでいいのよ、オタクで。

雑賀　オタクの共通するところって何かっていうと。何かしらにおいて信仰心というか、リスペクトとか、そういうところがあるんですよね。オタクの向けられたものは言っちゃえば信仰心なんですよ。信仰心がこれから大事になってくる。

昔はオタクというのが限られていたから、娯楽が少ないし、今みたいに文化が発展していたわけでもないし。限られてはいたものの、それが何に向けられていたかっていうと、神さま、仏さまの信仰心だったわけですけど。信仰心が多様化して、アニメへの信仰心、アイドルへの信仰心へとなっていった。

元々、アイドルっていう単語ですら、信仰対象って意味ですからね。信仰対象が変わっているだけで、信仰心がある人は現在にもたくさんいる。聖地巡礼とかあるから。その力は何に向けられているにしろ、力は力だから。それをこれから活用していければいいのですけどね。

（アイドルの語源として、崇拝される人という意味もあります）

保江　オタクって無条件の、そのモノに対する、その人に対する、それに対する信頼というか。心の向け方が無条件だから。オタクって、そこで天秤にかけてってていうことじゃないでしょ、無条件だから。それが愛なわけ。
　今、巷《ちまた》でいう愛、愛って無条件じゃないのよ。こっちに余裕があればとか、なんか打算が入ってる。世の中の影響を受けての愛なのよ。でもオタクは世の中の影響を受けてないから。もう、無条件で純粋な愛なのよ。

保江　北イタリアからヨーロッパそしてアメリカに広まった第二波の新型コロナウイルスは殺傷能力が十倍になっている。それはデータ解析でわかっていて、それが日本に戻ってきている。まだ日本はいいの。それが中国にも戻ってきていて、中国で第二波が来るから。そしたら中国、他の人たちが書いているように、潰れてしまう。

この前の第一波の武漢の新型コロナウイルスはなんとか鎮めたけど。第二波は北京とかあらゆるところにやってくるからね。それがわかってて、中国が外国の飛行機を北京空港に降ろさないようにしたでしょ。でも、そんなことじゃ防げないから、けっきょく第二波がやってくる。日本にも来ているけど、まぁ、それは大きいゴジラ大仏を建てるかすればなんとかなるでしょ(笑)。

雑賀　新型コロナウイルスの騒動で、伏見稲荷がだいぶきれいになった。

保江　京都の烏丸通りを歩いていても、いつもと何が違うのかなと思ったら、歩道にほとんど人がいないから、むこうのほうまで見渡せるのよ。

普通、歩道に人がズラーっと歩いているから人だかりで見えないの。ところがずーっと地平線の先の山々まで見えるの。今回。これは新鮮な光景でした。いい結果になると思うよ。

昨日までのデータ解析からすると、日本はリニアにまでしか増加しない。死亡者も感染者数も。他の国は※指数関数的に増えてるから、まったく違うのよ。

今度の日曜日に三百五十人の講演会をやる予定なのよ。参加申し込みをされた方の中からも、「中止になさらないのですか？」って。でもそんな気ないから。今朝、ドクタードルフイン松久正に、「信念のこと書いてくださったから、やりますよ」と言ったら、「さすが！　ぜひ貫徹してください」って。

場所はシビックホール。文京区はまだ発症してないから、港区と違って、強気なの。あそこは天井が広いし。ドクタードルフインが笑い飛ばしたでしょうね。

※聖痕《せいこん》

聖痕とは、イエス・キリストが磔刑《たっけい》となった際についたとされる傷。また、科学的には説明できない力によって信者らの身体に現れるとされる傷だといわれています。

※指数関数的

指数関数的とは、ますます増加のペースをはやめていくようなようすのこと。

ヤタガラスと十字架

雑賀　八咫烏《やたがらす》のカラスって、古代の発音にするとクロスなのです。クロスってつまり十字架なんです。光の十字架の話も、皇居に光の十字架を立てるってのは、クロスが儀式をする、ヤタガラスが儀式をすることを示唆《しさ》しているのです。その手伝いをすることで保江先生が選ばれたのですけど、もっと驚くべきことがあって。

保江　おお！　隠遁者《いんとんしゃ》さまの!!

※詳しくは、青林堂刊、保江邦夫著『僕が神様に愛されることを厭わなくなったワケ』をお読みください。たいへん興味深い内容となっております。

雑賀　そのことを知って行ったから、驚きでしたね。

保江　すごいね。

雑賀　八咫烏《やたがらす》のヤタって大きなっていう意味じゃないですか。大きな十字架、まさにそれですよね。

保江　今まで誰も唱えてないよね。ヤタガラスがヤタクロスなんて。脳みそで考える人たちのやり方は本当に愚かだね。

雑賀　安倍晴明に関しては、輪廻《りんね》転生とか、そんなことでしかわからないので。いろんな場面に貸すぐらいはできるのですけど、本人一人しかいないので。あと生まれ変わりが何人か。あの人、安倍晴明がずっと居座るのじゃなくて、僕のとこにもたまに来て、またどっかへ行く。自由きままでどこにいるかわからないんです。

愛について

保江　新型コロナウイルスが世界中で広まってパンデミックになって、日本でも広まってオリンピックも中止になってバタバタしていた頃に、松久先生が緊急出版で出した本。その中にも、各人が今まで自分を愛するということを確立していない段階で人を愛し、平和を愛するとかやっているのが危ないと見抜いていた。自分自身を愛して自分を大事にするっていうことをできていないときにそんなことをやっちゃったから、新型コロナウイルスがきてガタガタになって。

とにかく、まず自分を愛しなさい。それができた上で新型コロナウイルスも愛しなさい、大変な人も愛して。そうしたら皆の頭の中から、自分への愛というのが育って、その上で新型コロナウイルスも愛せたら、異次元にパッと消えてくれるのだ、というのが彼の主張。まさにそのとおりだと思うよ。

そういうこと、そんなに難しくスピリチュアル系の言葉使ったって、京都の日常世界ではわからない。そこで、「仏ほっとけ」、「神かまうな」、「他人頼むな」、「身内うっちゃれ」。この標語だけで生きてくれれば、まず自分への愛というのが確立するんだよ。自分を愛する人間は、他人も愛することもできるし、世の中の非常事態に対しても適応できるというわけ。それが京都の知恵なんだ。一千年の都のね。そう思えるんだよ。

雑賀　僕は「流れに任せる」って言い方をするんですけど。僕は基本的に流れに任せる。例えば、ここにコップがあるじゃないですか。コップが個人だとすると、中にあるコーヒーっていうのは満足度に例えられると思うのです。このコップがいっぱいになる前に他人を助けようとすると、ここをいっぱいにしたいがために他人を助けたわけで、ここを満たそうとするのです。

他人を助けるのは、あくまでも自分のコップがいっぱいになって、それ以上わけ与えるモノがなくなったときに、じゃあ他人にわけ与えてあげましょうって。そういうことだと思います。コップがいっぱいにならないまま、そのままの状態で他人を助けようとするってことは、逆に他人の中身をこっちにもらうってことになるんです。

保江　それはいい表現だね。

雑賀　そこから戦争という、中身の奪い合いが起きるのだと思います。なので流れに身を任せるというのが大事かなと思って。「自分が、自分が」というよりは、来たものはやるし、そのときに自分のポジションがどこに置かれているか、何をやらなきゃいけないのかを、僕もよく考えた上で、いろいろやらせてもらっているので。まわりからはけっこう「冷たいね」って言われるんですけど、冷たいというよりは、クリアしなきゃいけないところだから、というのはあります。

まわりからしたらむしろ取り合いを熱く感じているから、そういうものは冷たく感じると思うのですけど。実際に考えたら、熱いも冷たいもなく、常温が一番いい状態だと思うんですよ。

今言ったように神さま、仏さまって全部頼るのじゃなくて、できることは自分でやって。どうしようもないときに助けてくれるものではなくて、助けてくださる。助けてもらう、助けてくれる、だと自分があくまでも主体になっちゃうので。自分がお祈りして神さまが知恵をくれたり、力を分け与えてくれたりっていうのは、自分が主体になっているんですよね。

そうじゃなくて、あくまでも神さまが主体なのだから、本当に必要なことだったら助けてくれるし、いらないことだったら助けてくれないはず。とりあえず自分のことをやっておけばいいのじゃないかなって。この能力持ってからずっとひとつの理念としてあることです。

保江　実にいい表現をしてくれたね。さっき話した一千年の都の四つの標語を教えて下さったのが京都の茶道の御家元。だから感動したんだけどね。その方が今もお持ちの、インドネシアに四つか五つ、個人の養護施設を持っていらっしゃって。日本で得たポケットマネーを突っ込んで運営しているわけ。お若い頃から何度も現地へ行って、現地スタッフと一緒になって作り上げてね。

あるとき、人身売買の市場があって、市場からほうほうのていで逃げてきて、スタッフが見つけて施設に来た子が、「もっと仲間が市場にいるんだ」と伝えてきた。すると御家元はなんと市場に乗り込んでいった。そのときにスタッフが、「これどうぞ」って拳銃を貸してくれるのだけど。撃ったこともないし、あってもどうにもならんやろ、むこうはどうせ機関銃持ってるし。ということで通訳つけて単身乗り込んでいった。そしたらその子の友達の、人身売買されそうな子がまだ三人いてね。「この三人、俺がもらうから。金はちゃんと出すから。文句ねえな」と、ちゃんとお金出して引き取れることになった。そしたらボスが厭味《いやみ》ったらしく言うんだって。「あんたはたまたま金があって、この市場で三人を助けて、気分ようしとるやろうけど。この国だけじゃなくて東南アジアには人身売買の市場がうなるほどある。そういう所で人知れず毎日売られて行く子供が他にたくさんいる。そういうのを助けられない自分の情けなさがわからんのか？」って、タンカを切った。

ところが、御家元は「そんなことくらい、ようわかる。俺もバカやない。ただこの三人は縁があって俺の目にとまって、俺がどうしてもお前らの悪行を許せんから連れていくんや。縁がなくて、東南アジアだけやあらへんで。世界中で困っとる子がいるのもようわかっとる。世界中に全部俺の目がいかないのもよくわかっとる。縁があって、お前の悪だくみにハマろうとしていたこの三人を俺は救ったんや。そのどこが悪いのや！」と言い返したわけ。

縁でいいのです。地球の裏側でなんてわかりようがないし。そこはそこで神さまもちゃんとよくなさっているのですよ。「他人頼むな」、「身内うっちゃれ」でいいんだよ。雑賀君が言ったように、流れ、ご縁。そのときに神さまが与えてくれた範囲で誠実に生きていく。これが一番だと思うね。

雑賀 僕もそうなんですけど、仕事を受ける際に必ずお客さんに聞くのは、「知り合いを診てほしい」、「その人のお父さんを診てほしい」というときに、「本人の承諾は得ていますか?」と絶対に聞くんです。もし得ていないのだったら、「承諾を得てない場合は、承諾を得てからもう一度連絡をくれますか?」と。

その場で承諾を得ていない場合は二度と連絡がこないのです。なんでかっていうと、助かりたい、すがりたいというのは本人の意志。まわりが決めることではないじゃないですか。特にこういうのは、信仰心の世界なので。だから絶対そこは徹底しますね。また聞きの場合は承諾を得てから受けるようにしています。あくまでクライアントとしてですね。

保江　縁というものは、人間の魂が縁を持ってくるだけでもなく、物が引っ張ってくることもあるんだよね。人間の魂、人間をね。

今から一ヶ月前の話。僕、戦闘機がほしいなとかはあるんだけど、服には無頓着《むとんちゃく》なの。靴下から上に至るまで全部もらいものなんだよ。一か月前、無性に革ジャンがほしくなってね。今持ってる革ジャンもルルドに行ったとき、寒かったからルルドの村の洋品店にあった革ジャンを買って。ジャケットの上から着られるような、ゆったりした革ジャンをね。

今回、若者が着ているようなピチっとした革ジャンがほしくて。体型が出るようなTシャツを一枚着て、ピチっとしたような。というのも。ドラマを見ていて、シカゴの悪徳刑事さんの服装、常にそれなの。ジーンズで革ジャン。悪徳だから犯罪見逃してお金取るんだけど、そのかわりむちゃくちゃな犯罪者は法律を越えてまで痛めつけて。観ていて痛快でね。「これ、欲しい!」と思ってむちゃくちゃ探し回って。池袋、六本木、広尾と、ピンときたのがないし。丸の内も行く、銀座も、アルマーニの本店まで行って。それでもないの、いいのが。二週間かけて、これ何かの迷いだろうで諦《あきら》めた。

今から十日程前の土曜日に、横浜で講演会があったの。最寄り駅に着いたのが開場三十分前。あ、三十分あると思って、パッて見たら、馬車道って商店街だったの。ここだったら、ひょっとしてあるかもなと思って歩き始めた。ところが全然ない。時計を見たら十五分前だったから帰るかなと。一緒に付いてきてくれた女子大の卒業生の子が、通りの向こうにちっちゃい店に革製品が並べてあって、オーダーメイドって書いてあると教えてくれた。「ひょっとして中に革ジャンあるんじゃないですか?」、「でも時間が……、まあそこまで言うのなら」と。その子が背中を押さなかったら絶対入らなかった。すごく狭いの。何故か僕、奥にスっと入って。両側にバッグとかあるのに、それを見ずに進んだ。奥にジャケットが固まって置いてあって、ほとんど見もせずに僕の左手が勝手に、そうなんだ、勝手にその中のひとつのハンガーをつかんでみたら、やけに軽いけどドラマのまんまの革ジャンでね。

パッと見て小さいから、「これ女性もの？」、「いやぁ……でも大きさ的には大丈夫だから羽織ってみたらいかがですか？」と。羽織ったらドンピシャ！　僕の身体にピタッと。ジッパーを閉めても突っ張んないの。どんなことをしても突っ張んないの。形も崩れないしね。こんなこともあるんだって思って！　店の兄ちゃんに、値段も聞かずに、「買っていくから！」、「いや、それはお売りできないのです。見本です。うちの店がオーダーメイドなので、店にあるものはみんな見本なのです。こういうものができますという」、「それでもこれがいい」、「何年もここに吊ってあるし、皆さんの手アカもありますので、新品のほうがよろしいのじゃないですか？」

ああそうかって、講演会もあったし、「また来るわ」って。二時間講演して、また来て。ちょっと年配の女の人が、「先ほどは失礼しました」って。

若い兄ちゃんはその女性の息子さんだった。「ちぐはぐな対応で申し訳ありません。ここにあるのはサンプルですから、お客さまの体にあわせて微調整して作らせていただきますので、よろしければ採寸させて下さい」って。サンプルを着て、ジッパーも閉めて。年配の女性がじーっと十五分くらい僕のことを見て、「どこも修正の余地がありません、こんなの初めてです」と（笑）

「見本にピッタリ合う人が来るなんてまずありません。見本と同じ原版で作らせます」と。結局サイズ測ったんだけど、このままでと注文出した。

裏地も、ジッパーの種類も選ばせてくれて。「光に透かして見てください」って裏地のサンプル見せてくれたのわけ。僕のオーラが薄い、淡い紫色で、それと同じのがあったので。「これ、僕と同じオーラの色なんです」、「ああ、オーラと同じ色になさるのはいいかもしれませんね」って。すごく素直な言い方で。「実はオーラと同じ色で平安装束持ってるんですよ」。それにはびっくりしていました（笑）。

「ええっ！　平安装束!?　お仕事はいったい何をされているのですか？」、

「物理学者で」

「ええっ!?」

名刺を差し上げて。「ありがとうございます」、「いつ頃できますか？」、半年後だって、すごい丁寧。二か月後に布で作った下見本、それを僕が羽織ってチェックしてから革で本格的に仕上げる……。そこまで丁寧だからひょっとしてアルマーニのほうが安かったかなって……。「おいくらですか？」、「うちは消費税を頂いてないので十万円きっかりです」。

安い！　それだけ手間暇をかけて。アルマーニなら五十から六十万、それが十万だよ。外で裏地のサンプルの台帳見ているときも、以前その店で買ったであろうお客さんが、その女性に気軽に声をかけてて。

「お元気そうですね」、「通りかかったからお顔を拝見しに。ちょっと急ぎますんで、また寄ります」って。

お店の中を見るでもなしに。そんなお客さんがけっこう頻繁にいてね。彼女の名刺もいただいて。ずっと馬車道でオーダーメイドのお店をやってらっしゃる。財布までオーダーメイド。バッグとかも売ってるけど、「もうちょっとこうしてほしい」と言われたら、作り直す。

今回の僕のジャケットみたいに初めてのお客さんが突然入ってこられて、「この財布」、「このバッグ下さい」と、他の物には目もくれないお客さんがけっこういるんだって。お店がいい雰囲気でね。あるときなんか一度前をチラっと見た男性が、十分後にまた戻ってきて、外からチラっとしか見えない財布か何かをつかんで、「これ下さい」と。「他にもありますから」と言っても「これ下さい」と。

実は彼女は、職人さんとかが独立して頑張って作っている物を並べて、コツコツ売っている。そこで安売りをしてしまうと、頑張ってやっている職人さんの手取りがなくなってしまうから、一年、二年売れなくても絶対安売りしないで置いておく。ちゃんと職人さんが頑張って作っている物は、僕が引っ張られたように、物が人間を引っ張ってくるんだね。

買っていく人も喜び、作った職人さんも喜び、お店のその女性も喜んで。本当にいい雰囲気で。お店出るときにはポカポカしてたね。

一緒にいた卒業生も、「いい店でしたね」と。探し求めていた物があったというよりも、探し求めていた場所に行けた。これから横浜行ったら革ジャンも、革製品もいらないけど、「元気にしてるかな」って顔出してみたいな、と思えるような人であり、場所だったな。

物には魂が入ってる。

ちょっとお見せしましょう。いつも持ち歩いているんだけど、これ御家元に書いていただいた「愛」という字なんだよ。元は象形文字で、上は「手」下も「手」。これは舟形《ふながた》。船っていうのは当時の人間が作る最高技術の製品だと思う。物を手で作って手で渡すというのが「心」がなければ「受」けるという漢字に。「受」けるは、「心」がなければ「舟」を作って相手に渡すという漢字なわけ。でもそこに「心」を入れる。物を作るときに「心」を入れて作って「心」を込めて相手に渡すのが「愛」なんだ。その御家元がおっしゃるには、それが「愛」の語源なんだって。食事のときに、その辺のメモ用紙に書いてくれたから、「いただいてよろしいでしょうか？」と言ってもらいました。それ以来、その愛と書いていただいたメモ用紙を持ち歩いているわけ。

今は、愛は、世界愛とか人類愛とか、何か脳みそで考えたような愛になっちゃってるんだ。そうじゃないんだよ、愛というものは。

ＡＩとかコンピューターを研究している人には悪いんだけど。ＮＨＫが、死にゆく人がせめてコンピューターに自分のすべての記憶を残して生き延びていったらどうだ、という番組があって、もうすぐ放映されるらしいんだけど。その中でAIお父さんが子供に「愛してる?」って聞く場面があって。嫌な番組作ったなって思ってね。小学校一、二年の低学年の子にさ。AI、もしくはAIお父さんに向かって「愛してる!」なんて言わすな!。世の中そんなふうになってきてるのよ。

矢作直樹《やはぎなおき》先生の話じゃないけど、日本がアメリカの占領政策でアメリカナイズ、アメリカの一般市民的な価値観を植え付けられてからの戦後はおかしくなってる。

人が自分のことを愛してるかなんて、縄文の頃から日本人は気にもしてないんだよ。それを気にさせてしまう。それをAIにまで……。もう、やめてほしいよね。絶対にNHKに受信料払わない(笑)。

雑賀 一般的に「愛」っていうと男女間にしか芽生えないって偏見があるのですけど、実際に愛は一番最初にあるべきものだと思うんですね。五十音並べたときに、一番最初にあるのが「あ」と「い」だから。一番最初に来るべきものなので、すべての始まりは愛だと思うんですよね。並べ方にしろ、「あ」と「い」って組み合わせにしろ。そういうふうにできてるのじゃないかな、って思うのですけど。

一番はさっきの、保江先生の、「船と手と手が……」って話じゃないですけど、つながりなんですよね。船を作る人がいて、受け渡す人がいて。真ん中にあるものが愛だし。愛はどんどん受け継がれていくっていうのが、神道の考えに深く根付いているなって思っていて。お米がここに出てくるまでには、いろんな物が関わっていて、ていうのもあるし。愛っていうのは、常にそこにあるのだけど、ないもの。見えないというか。あいまいっていうのも愛ですよね。

今、世間で使われる「愛と平和は世界を救う」ということで言えば、その愛にはどっちかっていうと自我がありますよね。自我がある愛じゃダメっていうか……。自我がある愛は、本来の愛という意味とはかけ離れているかな、って思うんですよね。愛っていうのは「そこにあるもの」であって。作るモノとか芽生えるものではなくて、元からそこにあるものが愛だと思います。「ある」と「あり」という言葉の間が「あい」なので、あり、なのです。そこにあり。

保江　ラテン語、ギリシャ語の時代は区別があったんだよ。例えば男女の愛、リビドー。そういうふうにギリシャ時代区別があったのよ。ところが今はみんな愛になっちゃって、そこにすべて当てはめるから問題が多い。いま世間が使ってる愛はチャリティー。ラテン語ではカリタス、英語ではチャリティー。慈善。ちょっと小金持ったら皆に分け与えなさいよ、程度の意味。ＡＩも「あい」だね、すごい示唆的だね。

アモーレはわりと高尚。犬とか猫にはない、寄り添う感じで、友情的なものも含まれる。みんな愛でまとまっちゃってるから、うさんくさいんだ。むしろ使わないほうがすっきりするよ。もともと日本人って愛という言葉を使わなかった国民。今はどんどん使わせる。照れくさいというか、何か嘘《うそ》くさい。言った人の人格を疑う。僕は疑います。自分から愛っていうヤツ、特に男はこいつ信用ならん、と思う。

昔は最初からあるものだったから、あえては言葉にしなかったと思うね。

雑賀　言挙げせぬですよね。

天之御中主《あめのみなかぬしのかみ》もそうじゃないですか。「ある」んだけど「ない」。常にある存在。

保江　雑賀君が大学入試の面接で「古事記について論ぜよ」と問われたよね。試験官っていうのは全員教授だよ。そこで全員をうならせたの。「天之御中主が導いているのは『今』だ」。「古事記には最初にしか出てこないけど、実はずっとあり続けている、宇宙の背後で物理法則をつかさどる、その存在は、直接は認識できないけれども、物質の動きを見ることによって重力などのように間接的に認識できる」と。

雑賀　だから愛っていうのは、船のところを間接的に表現していると。

保江　間接的に心がこもっているので見える、と。

雑賀君がさっき言っていた、流れがあるところしか動かないから冷たいと言われるってこと。僕もそうだから。算命学で占っても、そう出るんだって。算命学でもっと細かく出てね、僕は物を通してしか愛がわからない人間って出たの。

まだ三十歳くらいでよくわかっていなかったから。なにくそ！　と。物、つまりはお金。お金をもらえたら愛されている。それ以外のことでいくら誰かが僕を愛していても全然わからない人間だって。算命学の大家に言われてくそったれって思ったんだけど。

今、雑賀君が説明してくれたよね。船作って渡す、物はすべて愛。それ、そうだよ。物を通してでしか愛を、我々は本当の愛を認識できない。算命学で出た僕が冷たい人間じゃなくて、物、お金も物だけど。物に込められた愛が見える。むしろいいことだったんだ、と。雑賀君が言ってるのを聞いて始めて思った（笑）。

確かに僕の人生、物をもらったときだけ、ああ、初めて愛されてると思えたね（笑）。

そう考えると京都の標語の、「仏も神もない、それより、まんじゅうもらったほうが……」という教え。日常の生活の中で物を見て、見えるものだけでやっておけと。深いね～これって。

ところで、神職さんの一番大事なお仕事って、実はお掃除なんだよね。永平寺のお坊さんが床を雑巾がけしてピカピカにするでしょ。掃除なのですよ。物に対して動いているわけ。毎日、朝から深夜までね。

僕の本に時々出てくる、岐阜の気功師のおばあさん。土屋康子先生。治療も兼ねて全国からいろんな人が来るんだ。その中で女性で「何か見える」、「神の声が聞こえるようになった」とか言ってくるわけ。「おばあさんのように気功で人助けをしたい」と意見を聞きに、あるいは、「私にはそういう能力があるでしょう」と太鼓判を押してもらいに来るわけよ。そのおばあさんがね、僕がいるときにこぼすの。「あんたが本に書いたおかげで、そういう人が来るようになった。中には悪気のない人も多いけど、治療しながら聞くけど。本当に頑張ろうとしてる子もいるのだけど。ほとんどの人は日々の生活が乱れているというか。自分の部屋は荒れてる、仕事はしょっちゅう変えてる『なんで仕事変えたの?』『いや、ちょっと上司に恵まれない』など穴だらけ。『自分は恵まれていない。いつか神さまが自分にふさわしい場所をくれると思って』『部屋掃除してんの?』『してません』『散らかってんじゃないの?』『まぁ、散らかってます』「そんなことでよく神さまの前でいられるね。神事《かみごと》や人助けは、まずは自分の部屋を片づけて。朝から晩まできちんとした仕事、新聞配達でもなのでもいいから、淡々とこなしてからのことでしょ」って言っても、みんな納得しないんだって。ムっとして帰っていくだけだと。

雑賀　僕もそうです。さっき、流れの話をしたじゃないですか。屁理屈好きな人は、「軒下とかで太陽浴びながらボケっとしていたら、流れに身を任せていることだから、そしたら人生幸せになって、必要なことは舞い込んでくるのですか?」って聞いてくる人いるから、そういう人には、「そうじゃなくて。神さまが助けてくれるのは自分がベストを発揮して、ベストを出し尽くした上でどうしようもなくて行き詰ったときに、神さまは助けてくれるから。ただ単に何もしないのは、流れに居座る石だよ」と。

流れに身を任せることは止まることとは違うので。しっかり自分の意志をもって進んでいく。どんな川の流れになろうとも進んでいく上で、その上に見えてくるものなので。

神さまはその上で力を貸してくれる。だけど、止まるのですよね、そういう人たちは。「居座ってボーっとしていれば、それは自然体でしょ？」、「それは自然体じゃなくて、流れに身を置く川の流れをせき止める石だよ」って思うのですけどね。

保江　そしたら苔《こけ》がついてダメになるわけ。流れでコロコロ転がっていく石は絶対に苔がついたりしないし、転がっていくうちに他の石がくっついて、さざれ石にもなるしね。

雑賀　「転石苔を生ぜず」ってことわざがありますけど。

保江　まさに、※さざれ石の如く、人間は流されながら大きくなっていくのさ。国歌「君が代」にさざれ石が出てくるんだよ。日本はすごい国だよ。

人を集めるときに「愛を云々」なんて言うスピリチャル系の女性、多いでしょう。もう辟易《へきえき》していてね。コミュニティーなどで自分が脚光浴びてると勝手に思っちゃってるから。そういうのは排除しなくちゃいけないんだ。

それよりも、世間から見たら「何、あの人何さまのつもり?」とそういう人を集めるといいかもしれないな。若者の中でも結構オタクな人がこれからがいい時代になるのかもしれない。

※さざれ石
石灰石が長い年月をかけて雨の水などで溶解し、粘着力の強い乳状液が小さな石の隙間に凝結していき、一つの大きな岩の塊になったものも「さざれ石」と呼ばれています。

オタクが未来を創る

雑賀　アイドルとかアニメとかね。

保江　ああ、そういうオタク。意外にそういうの、引っぱり込んだらよくなるよ。本来は、僕みたいなミリタリー系のオタクも、みんな純粋なんだよ、オタクってある意味。ドクタードルフインの緊急出版の本、今朝、バーっと読んでその中で、「自分を愛することを今人類ができてない」だから学べと。

学ぶとはどういうこととかも説明してある。世間から見てこう思われるのじゃないかとか。世間の目とか判断基準で自分を律する、それは自分を愛していないことなんだ。好きなことやる、これは自分を愛しているということ。オタクっていうのは実は自分を愛している人。魂を喜ばせることをしているわけよ、ほんまに。

雑賀　今、世界を愛することは美徳とされている、というのがあります。「自分のことが好きです」っていう人とは、僕もあまりそういう人とは関わりたくないのですけど（苦笑）。表に出したらちょっとそれは違うと思うのですね。内側からちゃんと自分を愛して、自分を愛している人になれば、自然と流れに身を任せるようになれると思っているのです。

保江　物理学のたとえ話を出しちゃうけど、日本で二番目に物理学でノーベル賞を受賞した朝永振一郎《ともながしんいちろう》先生。湯川先生の同級生の先生が繰り込み理論でノーベル賞をとったんですけどね。この繰り込み理論は何かというと。

例えばここに電子がいた。マイナスの電気持ってて、重さ、質量はどれくらいだ、って計測されるからわかってるのだけど。重さ（動きにくさ）、電《でん》荷《か》（近所に別の電気持ってきたときにどれくらい強く引っ張られるかの度合い）、それがどうやって決まるのか。例えば電子なら電子。宇宙空間の中に一個だけ電子がポンとあっても、電子一個の重さ、電子一個の電荷を持っているのか、という素朴な疑問が生じる。じゃあ、周囲に他の電子が十個いるときに、同じ電気の量と同じ質量を持っているのか。あるいは宇宙空間に物質が満ち満ちているときに、その中の電気が一個の質量しか持たないのか、あるいはもうちょっと変化するのかとか。そういうの、きちんと計算した人なの。

そのときに世界中の物理学者が同じことを考えて、一番素朴な考え方は、宇宙にたった一個のときだろうが、周囲にいっぱい物があろうが、電子の個性である質量は変わらないだろうというのが一番素朴。ところが朝永先生がきちんと計算してみたら、そうじゃなかった。周囲の物からの影響を受けた結果、この電気の量とこの重さになった。だから宇宙空間に一個だけ電子があったら、重さも電気の量もないの。

つまり、人間にこれをあてはめると、一人の人間は普通、周囲の社会の他の人間の影響を総合してくらった性格になる。それがその人。それが普通の人、人間。ところがオタクは、この宇宙の中に孤独だろうと、俺一人だろうと変わらない、特殊な存在なんだ。

電子は特殊な存在じゃないわけよ、残念ながら。でもニュートリノとか、物理でいえばニュートリノとか周囲と相互作用しないから。宇宙の中に自分一個だけでも、あるいは他のものがいっぱいあっても、ニュートリノの重さは変わらない。だからオタクなの。

それは僕も雑賀君もそうなの。でも今の世の中ではその存在が抹消されるわけ。ないことにしちゃう。それが繰り込み理論。つまり影響受けないヤツは、はなからこの宇宙に存在していないことにされる。影響を受けない人間も、影響を受ける人間の社会で動いているわけだから。そこに影響を受けない変な因子が入っていると思うほうが彼らとしてはめんどうだから抹消されてしまう。結果、繰り込まれちゃうわけなんだ。だからオタクという言葉でくくられちゃう。

これが**オタク繰り込み理論**さ。これからは本当にオタクを作らなきゃいけないよ。八咫烏候補はオタクなのさ。だからものすごく未来が明るいの。「古事記しか読んだことありません」っていうのが来たら、これからは伸びないよ、絶対に。少女アニメ。少女キャラ、萌えキャラで勉強してくれるのがいいんだよ。そういう中から八咫烏候補を育てて。そういう連中なら、世の中からどう思われるかなんて全然気にしないから。僕が例えば陰陽師の秘伝なりを、どこかで密かに教えても全然動じない。

スピリチャル系でやってる女性が「愛と神」とか、「あの辺に何か見えまーす」って。

最近、特に多いですよ、やっぱり精神鑑定をおこなったほうがいいんじゃないかな(笑)。

カトリックで奇跡の認定をするセクションがあって。そこで誰かが「マリアさまのすごい光を見て」という証言をしても、何十年かけて調べ抜いて、それが精神病じゃないかということも判定して。精神科の医者まで動員して、潰していって。それでも残ったものだけが奇跡と認定される。マザーテレサも、マザーテレサがなされたことを奇跡と認定されるまでに、すごい時間がかかった。ファティマもそうですし。ルルドもそうだし。ちゃんとそういうことをやってのことなのに、日本ならちょっとやったら、「神さまの声が聞こえた」って。神さまの声が聞こえる人もいると思うのだけど。神さまって日本語の声で指示してくるとは思えないのよ。

雑賀　感性だから。

保江　感性なの、感性なんだよ。むしろ直感に訴えてきているだけで。論理的な言葉で会話的に言ってくるわけじゃない。「神さまが今○○と言ってきた」と、自分の頭で捏造《ねつぞう》したのを信じ込んでいるのか、ご自身もそうとわかって言ってるのかわからないのだけど。人間の目って、脳みそは勝手に作り上げるのさ。見た映像をね。

僕なんかずっと三十五年間女子大に務めていたから。部屋に入ってきたら音がしたらパっと見るでしょ。女性の服を着ているのはわかるのだけど、顔は僕の記憶の中で、一番すぐに思い出しやすい顔のデータが当てはめられちゃう。女子大だから十八から二十歳のパッと見、若い子なの（笑）。

慣れてきてジーっと見ると、だんだん年くってきて、七十のばあさんなの（笑）。そういうことがよくあったの。

人間の脳って勝手に作るのよ。日頃から神さまを見たい、見たいと思っていれば、神さまはすぐ見えるようになる。そういうのは排除しなきゃいけない。

雑賀　あと、環境もあるのでしょうね。そういう人を作ったほうがいい都合のいい連中がいるから。

保江　ああ、そうだよね。そのとおりだよね。

保江・雑賀　ありがとうございました。

もう若者に託そうではないか！……あとがきに代えて

今回、僕が対談した相手は、この世的には思いどおりの大学進学を果たした高校3年生の男子。しかも、そのテーマが平安時代の陰陽師として広く知られる安倍晴明《あべのせいめい》公の霊力と呪術《じゅじゅつ》にまつわる神実。むろん、その初々しい青年になる前の、まだまだ少年のあどけなさを残した高校3年生が語ってくれた内容は、学界に蔓延《はびこ》る老害学者でさえ唖然として口をつぐむほどの超弩級な驚愕の真実の数々。あくまで若者言葉で楽しそうに話す屈託のなさと、その話の内容の重厚さと衝撃度の大きさが見せる極端なアンバランス。

そんな非日常の中で展開された異次元対談を進めていくうち、僕の心の奥深いところにこれまで考えたことすらなかったような思いが沸き立ってきた。それは、最近になって特に違和感を抱くようになってしまった、いわゆるスピリチュアル界においてカウンセラーとかチャネラーなどといったカタカナ名の肩書で人々を先導しているつもりになって、実は洗脳しまくっているだけの連中のほとんど全員がそこそこいい歳になってしまっているという事実との対比の中で表出してきたのだ。いや、お前だってかなりの年輩になってきてるだろうと全員から反論されそうだが、そこはそれ、僕はそんな軽薄なカタカナ名の肩書などとは無縁の、長年研究畑を歩んできた理論物理学者。つまり、僕自身はちゃんと棚上げできているわけ。

ともかく、髪を染めたり、長くしてみたり、若者ファッションの服を着てモデルのように写真を撮ってみたところで、ほとんどが三十歳以上になってしまっている。昔は、やれレインボーチルドレンだ、スターチャイルドだ、インディゴチャイルドだと幼少期からもてはやされてきたのかもしれないが、三十、四十、五十、六十になっても同じ主張をダラダラと続けている輩が多すぎないだろうか!? 池川《いけがわ》明《あきら》先生のご研究によって、前世を記憶している子どもたちや、母親の胎内での記憶を持って生まれてくる子どもだけでなく、最近では生殖行為なしで生まれてくるイエス・キリストのような子どもたちでさえ少なくないという事実が明らかになってきたというのに、どうしてスピリチュアル界ではリーダー的な存在の代替わりがまったく進んでこなかったのだろうか？

これではスピリチュアル界に飛び込んで精神世界に感心を向けてみようと考える一般の人が出てくるわけもない。何年も、何十年も同じ人たちが同じような意味不明の言葉を発している際物《きわもの》集団としか、映りはしないのだから。そんな違和感が僕の心の奥にずっと巣くっていたからこそ、今回の高校3年生との異次元対談をとおして決定的な思いが生まれてきたのではないだろうか。もう若者に託そうではないか、という。

そう、僕は声を大にして叫びたい。

もう若者に託そうではないか！

安倍晴明公の御魂をいただいた高校3年生が語った、この異次元対談に学ぶだけで迷える人々は救われるのだから！　スピリチュアル界など、もういりはしない。

令和2年7月吉日

白金の寓居《ぐうきょ》にて
保江邦夫《やすえくにお》

秘密結社ヤタガラスの復活

陰《め》陽《を》カケル

令和2年7月23日　初 版 発 行
令和3年6月16日　第 4 版 発 行

著者　　保江邦夫　雑賀信朗

発行人　蟹江幹彦

発行所　株式会社青林堂

〒150-0002　東京都渋谷区渋谷3-7-6

電話　03-5468-7769

装幀　TSTJ Inc.

印刷所　中央精版印刷株式会社

Printed in Japan

ISBN 978-4-7926-0682-4